现代信息检索与知识利用

主　编　叶　强
副主编　张　苏　田　浩
参　编　季煜钦　朱亦苏

东南大学出版社
SOUTHEAST UNIVERSITY PRESS
·南京·

图书在版编目(CIP)数据

现代信息检索与知识利用 / 叶强主编. — 南京：东南大学出版社，2022.11
 ISBN 978-7-5766-0315-6

Ⅰ.①现… Ⅱ.①叶… Ⅲ.①文献检索与利用-高等学校-教材 Ⅳ.①G254.97

中国版本图书馆 CIP 数据核字(2022)第 206525 号

责任编辑：张丽萍　陈　淑　　责任校对：子雪莲
封面设计：毕　真　　　　　　责任印制：周荣虎

现代信息检索与知识利用

主　　编	叶　强
出版发行	东南大学出版社
社　　址	南京市四牌楼 2 号(邮编：210096　电话：025 - 83793330)
经　　销	全国各地新华书店
印　　刷	南京京新印刷有限公司
开　　本	700 mm×1000 mm　1/16
印　　张	13.25
字　　数	220 千字
版　　次	2022 年 11 月第 1 版
印　　次	2022 年 11 月第 1 次印刷
书　　号	ISBN 978-7-5766-0315-6
定　　价	45.00 元

本社图书若有印装质量问题，请直接与营销部调换。电话(传真)：025 - 83791830

南京体育学院研究生系列教材
编写委员会成员名单

主　任：朱传耿　杨国庆
副主任：史国生（常务）　兰亚明　李　江
编　委：（按姓氏笔画为序）
　　　　于翠兰　王　凯　支　川　文　立　叶小瑜
　　　　叶　强　刘红建　刘　晖　汤　强　邹德新
　　　　沈鹤军　张　媛　陈海波　赵　琦　高　亮
　　　　郭修金　盛　蕾　葛翠柏

内容提要

本书旨在满足"信息洪流"时代科研相关人员的需求,系统地介绍了体育相关文献检索与利用的全过程,从选择研究课题直到最终的论文写作与发表,内容涉及制定研究策略、使用数据库收集文献资料、评估资料、发现重要文献,以及追踪新的学术进展、撰写论文等。

本书对科研工作者及体育院校进行研究活动的师生具有重要的教学指导作用,可作为高等院校文献检索与论文写作课程教材或教学参考书,是高校师生掌握学术论文写作与文献查找方法的速成参考书和大学生进行毕业设计及查找文献资料的必修教材,也可供科研工作者检索文献信息时参考。

序 PREFACE

2020年7月29日,全国研究生教育工作会议召开,习近平总书记作出重要指示指出,中国特色社会主义进入新时代,党和国家事业发展迫切需要培养造就大批德才兼备的高层次人才。研究生教育在培养创新人才、提高创新能力、服务经济社会发展、推进国家治理体系和治理能力现代化方面具有重要作用。各级党委和政府要高度重视研究生教育,推动研究生教育适应党和国家事业发展需要,坚持"四为"方针,瞄准科技前沿和关键领域,深入推进学科专业调整,提升导师队伍水平,完善人才培养体系,加快培养国家急需的高层次人才,为坚持和发展中国特色社会主义、实现中华民族伟大复兴的中国梦作出贡献。2020年12月7日,江苏省教育厅颁发《江苏省研究生教育质量提升工程(2021—2025年)实施方案》,提出了江苏省研究生教育质量提升的"八大计划",旨在培养造就更多德才兼备的拔尖人才。高等体育院校研究生的培养是研究生教育的重要组成部分,关乎全民健身、体育强国和健康中国等国家战略的实施与推进。

南京体育学院是江苏省唯一一所独立建制的体育高等学府和重要的省级竞技体育训练基地,现已培养了16位奥运会冠军和106位世界冠军,被誉为"世界冠军的摇篮"。1998年获批硕士学位培养单位,2017年被列为江苏省新增博士学位授予单位立项建设单位。

"体育学"为省级优势学科建设点,"体育人文社会学"和"运动人体科学"为省级重点学科。近年来,学校全面贯彻落实全国和省研究生教育工作会议精神,积极实施"人才强校"战略,全力推进申博工作,在师资队伍、人才培养、科学研究、社会服务、文化传承创新以及国际交流合作等方面取得了显著成效。为加强我校研究生系列教材的编写工作,学校成立了研究生系列教材编委会,组织校内外专家团队,围绕体育学学科方向,精心组织研究生核心课程的系列教材编写工作。编写人员坚持"优、新、特、高"的原则,立足学术前沿,适应时代需求,着力打造一批具有科学性、先进性、特色鲜明、使用面广的研究生系列教材,助力培养新时代大批德才兼备的高素质体育高级专门人才。

研究生系列教材建设是立德树人的关键环节,是为党育人、为国育才的基础性工程,也是建设高质量研究生教育体系的重要内容。由于研究生专业课程并没有统一的教学大纲,本次出版的研究生系列教材大多是在讲义、讲稿基础上进一步补充与完善而形成的。本系列教材有《当代竞技体育与运动训练前沿》《高等教育学概论》《体能训练理论与实践》《体育赛事媒体版权运行理论与实践》《现代信息检索与知识利用》《体育政策导论》《运动监测与恢复》《慢性病运动干预原理》《民族传统体育学高级教程》《体育组织管理导论》《新编体育社会学案例教程》共11种。希望这批教材的出版,能为体育学硕士研究生培养质量的提升奠定良好的基础。

南京体育学院研究生系列教材编委会
2022 年 8 月

前 言
PREFACE

"信息检索与利用"是一门信息素养课程,属于专业基础课,是为包括体育专业在内的本科生、研究生提供信息检索与利用所必需的基础知识、能力和素质的课程。信息技术的普及和信息社会的发展,对体育专门院校等高等院校大学生的信息检索和知识利用能力提出了更高的要求,使得现行的"文献检索"等课程在教学内容的选取,知识结构的设置,教学的组织上、方法上、实验方式上都要作较大的改革,以满足社会发展对专门人才培养的要求。本书坚持"面向应用、突出实践"的指导思想,旨在帮助学生加强信息检索和知识利用的能力,培养学生的信息意识和应用行为,打造"理论知识—操作技能—专业能力"的循环教学模式,力求达到学以致用的目的。

本书从应用型院校的办学定位、人才培养目标、生源情况等实际出发,以抓基础、重实用、练能力为目的,注重技能培养并强化科学思维和信息素养的塑造,同时致力于促进学生专业能力的提升,使之与社会发展相适应。全书知识编排合理,既注重基础理论又突出实践应用,强化现有信息检索与利用的一般认识,突出体育等专业领域的信息检索与利用的方式、方法,凸显信息素养的能力要求;同时应对信息源复杂、专业资源获取困难等难点,借助各种案例操作示例介绍,符合专业学习实践的实际需求。内容的组织和编排主要是按照信息检索从理论到实践的连贯性和知识利用从认识到行动的可理解性进行，安排了大量的实例方便学生对知识的理解、掌握和运用。本书坚持立德树人，内容渗透能力目标、行为目标和思政目标，在每章之后附有一定的习题供学生测试学习效果。本书将服务于学生的专业素养与科学素养的持续性发展。

  本书得到了南京体育学院学科建设办公室研究生立项教材项目和体育教育与人文学院教材建设工程资助，由叶强主编，编写的主要人员分工如下：第1章由南京体育学院叶强、朱亦苏编写，第2章、第3章由安徽财经大学张苏编写，第4章、第5章由南京体育学院田浩、季煜钦编写，全书由叶强统编定稿。参与编写和审校工作的还有袁旭甫、陈文龙、万磊等。本书在编写过程中李冠群、田宇豪、孙梓彦、任雨馨等同学做了大量的前期调研和基础准备工作，并得到了很多同行专家、老师的支持和帮助，在此一并表示感谢。

  由于时间仓促及作者水平有限，书中难免出现一些疏漏或者错误，恳请同行和广大读者提出宝贵意见。

目录
CONTENTS

1 绪论 ·· 001
　1.1 知识与知识体系 ··· 001
　　1.1.1 知识 ··· 001
　　1.1.2 知识体系 ·· 004
　1.2 知识社会发展 ··· 008
　　1.2.1 知识社会 ·· 008
　　1.2.2 知识革命 ·· 010
　1.3 知识管理利用 ··· 012
　　1.3.1 知识管理概念 ·· 012
　　1.3.2 知识管理流程 ·· 014
　　1.3.3 知识管理原则 ·· 018
　案例操作1：OneNote笔记管理 ······································ 020
　　E1 任务要求 ··· 020
　　E2 操作步骤 ··· 020
　　E3 结果处理 ··· 024
　　E4 功能总结 ··· 025
　小结 ··· 026
　练习 ··· 026

2 信息检索 ········· 027
2.1 信息时代的学习 ········· 027
2.1.1 信息与体育 ········· 027
2.1.2 信息利用 ········· 031
2.1.3 学习方式变革 ········· 033
2.2 体育与信息素养 ········· 034
2.2.1 信息素养 ········· 034
2.2.2 体育与信息素养 ········· 037
2.3 信息检索 ········· 040
2.3.1 工作原理 ········· 040
2.3.2 基本过程 ········· 041
2.3.3 检索类型 ········· 042
2.3.4 检索工具 ········· 043
2.4 搜索引擎 ········· 044
2.4.1 工作原理 ········· 044
2.4.2 主要分类 ········· 044
2.4.3 常用搜索引擎 ········· 047
案例操作2：百度高级搜索 ········· 048
E1 任务要求 ········· 048
E2 操作步骤 ········· 048
E3 结果处理 ········· 050
E4 功能总结 ········· 052
小结 ········· 052
练习 ········· 052

3 文献检索 ········· 054
3.1 文献 ········· 054
3.1.1 文献缘起及演变 ········· 054
3.1.2 文献的构成要素 ········· 055
3.1.3 文献的类型和功用 ········· 057

3.2 文献检索 · 060
3.2.1 工作原理 · 060
3.2.2 检索类型 · 061
3.2.3 检索途径 · 062
3.2.4 检索方法 · 064

3.3 文献检索语言 · 065
3.3.1 检索语言 · 065
3.3.2 检索运算符 · 066

3.4 检索策略 · 069
3.4.1 选取检索词 · 069
3.4.2 检索表达式 · 070
3.4.3 结果筛选 · 071
3.4.4 效果评价 · 073
3.4.5 调整策略 · 075

案例操作 3：中国知网的使用与利用 · 077
- E1 任务要求 · 077
- E2 操作步骤 · 077
- E3 结果处理 · 079
- E4 功能总结 · 081

案例操作 4：PubMed 的使用与利用 · 081
- E1 任务要求 · 081
- E2 操作步骤 · 082
- E3 结果处理 · 092
- E4 功能总结 · 094

小结 · 095
练习 · 095

4 常用软件 · 097
4.1 基本办公软件 · 097
4.2 文献阅读软件 · 099

4.3 外文翻译软件 …………………………………… 101

4.4 文献管理软件 …………………………………… 104

4.5 逻辑整理软件 …………………………………… 109

4.6 其他辅助软件 …………………………………… 113

案例操作 5：XMind 思维导图制作 …………………………… 115

　　E1 任务要求 …………………………………… 115

　　E2 操作步骤 …………………………………… 115

　　E3 结果处理 …………………………………… 116

　　E4 功能总结 …………………………………… 121

案例操作 6：ProcessOn 流程图制作 ………………………… 122

　　E1 任务要求 …………………………………… 122

　　E2 操作步骤 …………………………………… 123

　　E3 结果处理 …………………………………… 125

　　E4 功能总结 …………………………………… 126

案例操作 7：EndNote 文献管理 ……………………………… 126

　　E1 任务要求 …………………………………… 126

　　E2 操作步骤 …………………………………… 126

　　E3 结果处理 …………………………………… 133

　　E4 功能总结 …………………………………… 135

小结 ………………………………………………………… 136

练习 ………………………………………………………… 136

5 研究综述 …………………………………………………… 137

5.1 研究综述简介 …………………………………… 137

　　5.1.1 内涵特征 …………………………………… 137

　　5.1.2 目的作用 …………………………………… 139

5.2 研究综述过程 …………………………………… 140

　　5.2.1 目标选题 …………………………………… 140

　　5.2.2 资料整理 …………………………………… 141

　　5.2.3 论证推理 …………………………………… 145

5.3 综述撰写要求 ·················· 147
　5.3.1 框架规范 ················· 147
　5.3.2 行文结构 ················· 150
　5.3.3 撰写建议 ················· 151
5.4 综述辅助工具 ················· 152
案例操作 8：VOSviewer 与热点分析 ······· 160
　E1 任务要求 ··················· 160
　E2 操作步骤 ··················· 160
　E3 结果处理 ··················· 162
　E4 功能总结 ··················· 166
案例操作 9：HisCite 与溯源分析 ········· 167
　E1 任务要求 ··················· 167
　E2 操作步骤 ··················· 167
　E3 结果处理 ··················· 172
　E4 功能总结 ··················· 173
案例操作 10：Review Manager 与系统评价 ··· 174
　E1 任务要求 ··················· 174
　E2 操作步骤 ··················· 174
　E3 结果处理 ··················· 180
　E4 功能总结 ··················· 187
小结 ························· 189
练习 ························· 190

参考文献 ······················· 191
附录一　知识管理路线图 ·············· 192
附录二　体育相关资源库 ·············· 193
附录三　文献综述核查表 ·············· 195

1 绪 论

学习目标

1. 能力目标：了解个人知识管理的流程，具备知识管理的常识。
2. 行为目标：具有提升自身知识、强化知识体系的意识，认知建构知识的重要性。
3. 思政目标：理解个人知识体系的建构与国家民族发展密切相关。

导言

联合国教科文组织指出，知识社会的核心是"为了创造和应用人类发展所必需的知识而确定、生产、处理、转化、传播和使用信息的能力。而人类发展所必需的知识其基础是与自主化相适应的社会观，这种社会观包括了多元化、一体、互助和参与等理念"。因此在知识型社会，面对知识爆炸，利用高度碎片化的时间进行跨界学习、终身学习成为个体发展的必然要求。

1.1 知识与知识体系

1.1.1 知识

知识是个体与其环境相互作用后获得的信息及其组织，其本质是信息在人脑中的表征。从哲学认识论的角度来看，知识是客观事物的属性和联系的反映，是客观世界在人脑中的主观映像。对事物的感性知觉或表象属于感性知识，关于事物的概念或规律属于理性知识。

> **Tips：数据、信息、知识初识**
>
> 数据、信息、知识这三者是依次递进演化关系，代表着人们认知的转化过程，最后总结形成智慧。

> （1）数据：是未经加工的原始素材，表示的是客观的事物。通过对大量的数据进行分析，可以从中提取出信息，帮助人们决策。
>
> （2）信息：是以有意义的形式加以排列和处理的数据（有意义的数据）。用信息论的奠基者香农的话说就是"信息是用来消除随机不确定性的东西"。当人们有了大量的信息的时候，对信息再进行总结归纳，将其体系化，就形成了知识。
>
> （3）知识：是用于生产的信息（有意义的信息）。信息经过加工处理、应用于生产，才能转变成知识。

从心理学的观点来看，知识是个体头脑中的一种内部状态。认知心理学从信息加工的角度将学习看作一个信息加工的过程，而知识作为学习的结果，是个体与客观环境相互作用后获得的信息及其组织。现代认知心理学一般依据知识的不同表征方式和作用，将知识划分为陈述性知识、程序性知识和策略性知识。一般而言，通过信息加工人们获得陈述性知识和程序性知识（表1-1）：陈述性知识，指可通过各种文字和符号系统进行陈述的知识，说明"是什么"（如说明运动负荷的特征）；程序性知识，是关于"怎么做"的知识，它体现在执行任务过程中（如降低运动负荷的方法和流程）。此外还有策略性知识，指关于知道何时和如何应用陈述性知识和程序性知识的知识。不同类型的知识在头脑中存在的形式也不同，一般认为陈述性知识以命题和命题网络为表征，程序性知识以产生式和产生式系统为表征。个体可能拥有陈述性知识，也能够使用程序性知识，但不知道如何在适当时候运用这些知识，也就是说，只有在策略性知识的指导下，陈述性知识和程序性知识才能被有效地加以应用。

表1-1　陈述性知识和程序性知识的差异

项目	陈述性知识	程序性知识
性质	对事物的说明（是什么）——静态	对任务的执行（怎么做）——动态
意识控制	意识控制程度较高，激活速度较慢	意识控制程度较低，激活速度较快
习得与矫正	习得快，遗忘也快，矫正较易	习得慢，遗忘也慢，矫正较难
测量	通过口头或书面"陈述"或"告诉"的方式测量	通过观察行为，以是否能做、会做什么的方式测量

续表

项目	陈述性知识	程序性知识
表征类型	命题、命题网络、概念、表象、图式	产生式、产生式系统
例子	基本的概念、原理、公式、符号等	动作技能;运用公式、原理等解决问题等
学习的一般过程	理解—巩固—应用	陈述性阶段—转化阶段—自动化阶段

为了突出知识的实际效用和专业价值,需要用动态的知识观来理解知识,也要求个体将关注点集中于知识的共享、创新、适应、运用和沟通的动态过程,意味着把知识看成是一个充满不断转变、融合、合并的立方体和动态体(图1-1)。知识类型上,把知识分为通用知识和专有知识:通用知识是早期专业知识经过历史沉淀和规范记忆的产物,以标准的概念和原理呈现;专有知识包括专业知识、专门知识和经验知识等,是解决特殊问题发展的知识,多从具体实践过程中获取。知识表达上,把知识分为显性知识和隐性知识:显性知识是能用文字、图片等有形方式表达的知识;而隐性知识是以理解、思考等无形方式表达的知识。知识权属上,把知识分为个人知识和组织知识:个人知识是个人积累的知识,包括结构化的经验、价值观、独到见解、经过文字化的信息等;而组织知识则是个人知识在组织中产生、发展和转化的产物,通常会从集体经验中获取,是为实现组织目标所使用和共享的信息。可见,知识的学习与利用是一个不断动态发展的过程,只有持续地吸收、整理、加工等才能建构完整、科学的知识。

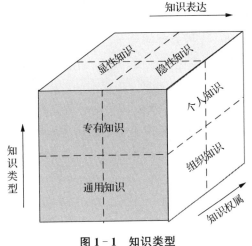

图1-1 知识类型

1.1.2 知识体系

知识体系是无数个关联的标准知识的集合。比如天文学家必须掌握"宇宙"这个知识体系，其中就包括牛顿定律、天体力学、大爆炸理论、相对论、数学等知识。而这每一个知识，既可以说它是知识，也可以说它是一个知识体系，比如天体力学也包括摄动理论、数值方法、定性理论、天文动力学、天体形状与自转理论、多体问题（其内有二体问题）等，也有其定义、代表人物的变化。知识作为人类在实践中认识客观世界（包括人类自身）的成果，它包括事实的呈现、信息的描述或在教育和实践中获得的技能，它可以是关于理论的，也可以是关于实践的，知识体系更是如此，也更加饱满和综合。

为什么需要建立知识体系？归根结底在于四个字：复杂决策。比如我们不必把所有体育运动尝试一遍，才决定玩什么运动项目；或者喜欢一个新的足球俱乐部，也不必把所有足球俱乐部弄清楚才作出选择，而任何的决策或者决定，都是基于自身知识体系而确定的。决策有三种模式（图1-2）：简单问题的线性推理、局部复杂问题的结构化思考和全局复杂问题的系统性思考。在日常生活中遇到的问题绝大多数是简单问题，可以通过线性推理来决定的，比如路过一个体育用品商店，看到一款不错的卫衣，买还是不买，试穿一下就知道了，合适就买，不合适就不买；路过一家健身房，店面环境和人气不错就进去看看。生活中的事，人们仅依靠自身拥有的社会经验就解决了大部分"不确定性"，所以有许多的细节不用关注。但如果去探索陌生领域，面对复杂问题，比如毕业生去从事体育教师行业，如何起步？如何适应？如何发展？这些问题充满着各种"不确定性"，其中任何一个因素都需要自己解决，这就是复杂决策，这时就需要一个体系。如果把知识体系比作地图，普通人在城市穿梭不需要地图，而少数人就像是在丛林探险，那肯定就需要一张详细的求生地图。复杂问题的线索千头万绪，处理起来非常困难，需要掌握从复杂中洞见结构，找到关键问题，直击要害的能力，而这正是知识体系发挥重要价值的地方。

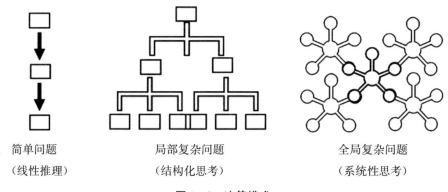

图 1-2　决策模式

知识体系与知识碎片相对,强调大量知识点以有序的结构集合。那么,该如何建立知识体系呢?知识体系的建立路径是由点到面,最后构成系统。刚开始从广度去收集知识,而后从某一个纵深去建立结构框架,最后填充和丰富整个知识体系,核心步骤有三个(图 1-3),即收集启发性知识点、建立知识结构内的线性关系、搭建知识体系的知识面。

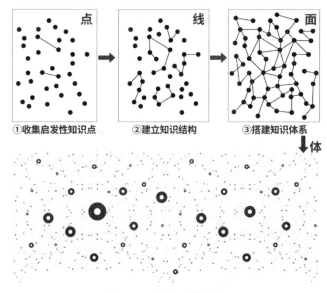

图 1-3　知识建构流程

1. 广泛收集启发性知识点

这是一个认识过程,只有对知识点注意,在意它、关注它,才会认识它。为何需要从广度去收集知识点？原因有两个：一是因为知识体系是一张网，没有足够的知识点，是很难形成网状的；二是知识点需要不断验证，必须通过大量收集，相互之间才能连接和验证。一般来说，一个启发性知识由两部分构成，即理论和案例。比如"人为什么会有情绪呢"（案例），其实情绪是人脑系统的"快捷方式"（理论）；又如我们爱吃甜食，吃到甜食会愉悦（案例），那是因为甜食的热量高（理论），能帮我们补充能量；再如恐惧，看到老虎转身就跑（案例），是为了躲避危险（理论）。有些知识的理论部分有启发性，而有些知识的案例部分更好，会更贴合实际经验。搜集启发性知识很重要，但为了今后可以及时搜索和随意调用，尤其是获得几千或上万条信息之后，就不得不去思考用一种方法去管理，比如"情绪是人脑的快捷方式"这一知识，首先用自己习惯理解的方式去表述和存储，然后贴上标签进行分类，这样就以条目和分类方式奠定了知识体系管理和利用的基础。

2. 深度建立知识结构框架

这是一个认知过程，只有对知识点继续了解，且付诸实践然后得到验证，才会深刻理解并整理，从而使之成为自己的知识。当启发性知识点越来越多时，大脑会不由自主地把各种知识联系起来，而当知识有一定的积累后，就需要在某一个领域，深度建立一个框架。如从"情绪"开始，逐渐收集了诸如"元认知""神经可塑性""三重心智模型""心理表征"等大量知识点，不断与经验融会贯通，形成了知识点之间的关联与联系，逐渐建立起一个认知心理学的大致框架结构，由此可见，知识框架是需要建立在对知识的大量储备和理解的基础上的。其核心原则是对大量知识点不断组合和拆分，每遇到新的知识概念，头脑中就会自动跑一遍黄金圈法则（2W1H）——是什么（What），为什么（Why），怎么用（How）。这样，一个简单的知识结构就产生了，这也是知识体系的基本工作逻辑。

3. 深挖重构知识形成体系

这是一个思维过程，通过多种结构化的认知组合形成对行为选择作出最优解的能力，在这个过程中，知识体系才算真正形成。这个过程也很像一棵树，在树干基础上开枝散叶，所以很多人把知识体系称为知识树。知识体系的体现一定要结合工作、生活等实践形成输出。依据广为人知的"学习金字塔"理论（图1-4），输出是最好的学习方式，学习知识越能够输出，则知识体系的质量越高。输出知识也是一个重新结构化的过程，比如写作就是重新组合知识材料，创业就是重新组合自身的想法、资源配置以及各种能力。很多人以为学习就是为了记住更多的知识,这是对学习最大的误解,多数人学习效率之所以低,正是源于错误的认知。唯一正确的方式,是根据实际情况,深挖和重构知识之间的联系,如要想弄清楚"人的记忆机制"这个主题,就必须涉猎广泛的相关知识,不仅需要深刻理解,还需要在每天的学习生活中反复体验,这样经过重组内化的知识体系是极其牢固的。

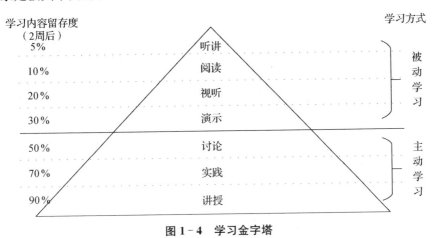

图1-4 学习金字塔

人类的知识体系甚至一个领域的知识体系都是一棵大树,每个人只可能掌握其中的叶子而已。所以知识体系大多是个人知识体系或专门知识体系(如岗位知识体系、专业知识体系等)。从个人发展角度看,任何人都需要多个维度的知识内容。未来,我们面对的问题会越来越复杂,如何找到解决问题的有效策略,关键在于从问题出发,建立基于跨学科规律原理解决问题的知识体系。

Tips:体育科学

体育科学是对于人类体育活动进行科学化分析的一个综合性学科。其研究领域,除了综合了许多传统学科,例如生理学(Physiology)、心理学(Psychology)、动力控制(Motor Control)、生物力学(Biomechanics)、生物化学(Biochemistry)之外,也包括营养学(Nutrition)、神经科学(Neuroscience)、人体测量学(Anthropometry)等,还包括哲学(Philosophy)、管理学(Management)、社会学(Sociology)、人类学(Anthropology)等。总的来说,

> 体育科学是要把各个科学领域的知识应用到体育领域,以提升体育的现代化、科学化水平。

1.2 知识社会发展

1.2.1 知识社会

知识社会是以知识为基础、以知识创新为驱动、以客观真理为引导的新型的社会形态,它是与农业社会、工业社会相对应的一个概念,也是指知识要素在经济和社会发展中占主导地位的社会。1966年,美国社会学家R. E. 莱恩在《知识社会中政治和意识形态的衰落》一文中最早提出"知识社会"的概念。1968年,管理学家P. F. 德鲁克在《断裂的时代》一书中使用"知识社会"术语以说明知识是现代社会的中心,也是经济和社会行为的基础。1996年,经济合作与发展组织(Organization for Economic Co-operation and Development,简称OECD)发表报告《以知识为基础的经济》以后,越来越多的学者意识到研究知识社会问题的重要性。在这样的背景下,有关知识社会的研究成果大量涌现。当前,可以从以下三个方面对知识社会进行解读:

(1) 知识社会是一种将其成员的思想和行为"知识化"的社会。知识社会成员的思想和行为由真实、真理性的客观标准所引导,成员的价值和目标为其系统地获取的知识所倡导、阐述和修正。

(2) 知识社会是建立在对知识价值的深刻认识和充分利用基础上的一种社会。它以知识型人力资源为社会的主体,通过大力学习、传递、利用、创造和共享知识的社会取向和社会机制,深入开发、利用知识价值,以实现社会经济和文化的加快发展。

(3) 知识社会是一类以知识创新为主要驱动力的社会。社会的发展和进步取决于以知识创新为驱动的生产力水平的提高和进步,知识型人才成为知识创新的驱动主体。

知识社会最大的特点就是知识创新。知识的创新主要来自知识的创造,在创新活动的过程中,知识不断互相作用、互相转化,知识转化的过程实际上就是知识创造的过程。这个过程归纳起来,就是个人之间的隐性知识经过组织传递,转变为专有显性知识;显性知识经加工改造为知识体系,再转变为具体的个人隐性知识。结合经典SECI模型(图1-5),以1988年汉城奥运会Nike黄金跑鞋的创新为例来理解知识创造过程:首先,本·约翰逊的科研团队认为他竞技成绩提高的隐性秘诀,就是本·约翰逊穿着更轻便、更合脚的专用田径鞋,在这一过程中,隐性知识从个人知识转化成组织知识,知识群体化,也就是知识社会化。其次,科研团队将这些秘诀转换为能够与Nike公司研发团队成员及其他人员进行交流的组织显性知识,在这一过程中,通过分享、交流,组织隐性知识转化为组织显性知识,即外显化。再次,联合开发团队把材料学、生物学、力学等知识同制鞋知识以及相关的其他知识综合起来,进行标准化加工,最终形成了专门的设计方案,并且体现在成熟产品上。在这一过程中,通过实践、验证等行业应用,专有显性知识转化为通用显性知识,即联结化,也就是融合化。最后,通过创造新产品,本·约翰逊的科研团队以及Nike公司设计团队,丰富了团队成员自身的知识体系,强化了各自的隐性知识,成为行业领域的专家。在这一过程中,通过反思、总结等学习行为,通用显性知识转化为个人隐性知识,这就是内隐化。随后,Nike公司又开启了更高层次的知识创造,即将在田径跑鞋设计过程中逐渐积累起来的新隐性知识,尤其是关于高品质概念的新理解,又通过非正式渠道传递给其他部门,并把这种品质观念扩展到公司生产的其他鞋品上,如篮球鞋、足球鞋等。这样,Nike公司的知识库便得以拓宽。基于此,知识创造是一种螺旋而不是循环,隐性知识与显性知识之间、个人知识和组织知识之间、专有知识和通用知识之间在不同场域互动,通过知识创造不断放大、增强。

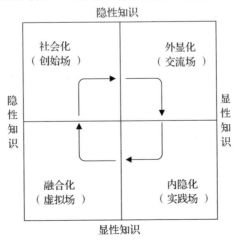

图1-5　知识创造的SECI模型

> **Tips：显性知识和隐性知识**
>
> 显性知识，是指可以用符号系统完整表述的、清晰的知识，包括概念、观点、原理、规范、流程、要领等。这类知识是"格式化"的，可以通过书籍、软件或网络进行传播，可以借助传媒而非人直接来交流，因此，它属于客观的、理性的知识。
>
> 隐性知识，是指难以用符号系统描述的知识，它源自个人的体验，说不清道不明，与个人信念、视角及价值观等精神层面密切相关。如经验、直觉、思维模式、秘诀、信念等，都属于隐性知识范围。它是"非格式化"的，可能来自出色设计师的神来之笔、著名运动员的独特技艺、教练员的即时判断或领队的灵机一动。

受知识创新影响，知识社会的社会构成发生了重大变化，知识成为生产力发展的决定性因素，公民受教育程度和劳动者的整体知识水平大幅度提高。随着整个社会信息化、知识化水平的提高，人们的个性化将进一步突现，知识社会也必然发展为更加个性化、多元化的社会，同时社会的组织结构将转变为更具灵活性、多样性、扁平式、网络化的社会组织结构。不同组织间通过不同的机制相互联系，且这种联系的柔性很强，组织间不再是隶属关系，而是合作关系，获取和拥有知识的方式也更加公平和透明，这也增强了人们的平等意识。与此同时，以知识因素为主导的知识社会所带来的竞争将比以往任何社会都更为激烈，而这样的竞争更多依赖的是知识驱动创新和知识型人才，因此培养知识创新型人才成为科教兴国中重要的战略目标。同样的，知识社会也充满着机遇。在知识社会，领先的可能性对所有人都是相同的，获得工作的可能性不再依赖于在特定年龄获取的教育，学习将成为工具，学习将贯穿人的终身。

1.2.2 知识革命

在科学技术革命的加持下，知识社会中人类知识的体系结构、内容形式，人类知识活动的方式和载体，以及知识与产业、经济的关系，在人类现代化进程中再次发生了深刻的变动（表1-2）。当代的科技革命与产业革命相互作用，相互促进，在这种积极的互动过程中，知识领域出现了深刻的变革，知识革命也同步发生。知识的重新分类、知识的数字化和编码化、知识活动的计算机化和网络化,都彻底改变了知识的存在形式和知识活动的时间关系与空间关系,并从根本上刷新了知识和知识活动及产业和经济活动的互动关系。当前,知识革命主要是由信息革命引发的一场知识领域的革命。当代信息技术快速全面地渗入知识活动的全过程,触发了知识生产、流通和使用的各个重要环节深刻的变革,由此催化了产业领域的革命,一系列新兴产业悄然兴起。

表1-2 人类现代化进程的三次解放

项目	第一次解放	第二次解放	第三次解放
时间	公元前3500年—公元1763年	1763—1970年	1970—2100年
内容	从自然食物依赖中解放出来	从宗教和封建专制中解放出来	从组织和机器控制中解放出来
结果	成为食物生产者,摆脱自然依赖	成为独立、自由和平等的公民	成为个性化、自主的世界公民
控制	宗教和封建专制的控制	组织和机器对人的控制	地球对人的制约
备注	文明诞生	第一次人类现代化(公民化、职业化、世俗化、平等化、社会化等)	第二次人类现代化(网络化、国际化、个性化、创新化、知识化等)

需要注意的是,知识革命引发了观念革命和价值革命,"知识就是力量"愈发被人关注。知识不仅与石油、矿产等一样被视为一种资源,而且还可以代替资本,代替物质、运输和能源等,成为产业的核心资源。知识经济的兴起,对人类社会现有的政治、经济、文化、教育等各个层面产生了重大的影响,改变了人们的生产、生活和思维方式,带来了世界运行方式的根本性变化。知识的数字化转型不断加速,数字技术深刻改变着人类的思维、生活、生产、学习方式,推动世界政治格局、经济格局、科技格局、文化格局、安全格局深度变革,全民数字素养与技能日益成为国际竞争力和软实力的关键指标。在知识时代,知识转移和更新的速度大大加快,人们的学习方式发生了重大变化,终身学习成为人们存在和发展的需要,终身学习能力也成为应对知识革命必备的能力要求。

为应对21世纪知识社会对终身学习能力发展的需要,各国均提出核心素养要求(表1-3)。这些能力大致分为两类:一类是通用能力,例如批判性思维能力、创新思维能力、学习能力,还有关于个人发展的能力,比如认识自我、沟通和合作以及社会责任感等;另一类就是特殊领域的能力,比如语言能力(母语和外语)、数学能力、人文素养、科技素养等,其中知识管理及信息素养是知识革命背景下格外重要的一种特殊领域能力。全球主要国家和地区把提升国民数字素养与技能作为谋求竞争新优势的战略方向,纷纷出台战略规划,开展面向国民的数字技能培训,提升人力资本水平。在我国,党的十八大以来,以习近平同志为核心的党中央作出建设网络强国、数字中国战略决策,并立足新时代世情国情民情,把提升全民数字素养与技能作为建设网络强国、数字中国的一项基础性、战略性、先导性工作,国家越来越注重培养具有数字意识、计算思维、终身学习能力和社会责任感的数字公民,也越来越需要各界关注知识管理与利用的能力,提升适应时代发展的素养水平。

表1-3 各国主要核心素养要求

国家或地区	中国	美国	欧洲
标准来源	《中国学生发展核心素养》(2016)	P21核心素养(Partnership for 21st Century Learning)	《终身学习核心素养:欧洲参考框架》(2006)
要求与内容	人文底蕴:人文积淀、人文情怀、审美情趣等。科学精神:理性思维、批判质疑、用于探究等。学会学习:乐学善学、勤于反思、信息意识等。健康生活:珍爱生命、健全人格、自我管理等。责任担当:社会责任、国家认同、国家理解等。实践创新:劳动意识、问题解决、技术应用等。	外环部分(三大指标),即学生学习目标的主要内容:学习和创新素养;信息、媒介和技术素养;生活和职业素养。内环部分(学科知识),即核心素养内容在具体学科中的落实:英语、阅读、语言、艺术、数学、经济学等关键学科;全球意识、金融、商业、创业素养、公民素养、健康素养和环境素养等跨学科提出的21世纪主题。	交流与沟通:母语交流能力、外语交流能力等。数字与信息:数学素养与基本的科学技术素养、信息素养等。素质与素养:终身学习和求知能力、社会与公民素养等。精神与意识:社会与公民素养、主动意识与创业精神、文化意识与表达等。

1.3 知识管理利用

1.3.1 知识管理概念

在终身学习时代,已经掌握的知识很快就会因为技术变革而过期,所以学习不只是一种需要,还是一种必须。学习是人的一种与生俱来的能力,可以在学校学习,也可以在社会中学习;可以在书籍里学习,也可以在与人交流中学习;可以自学,也可以在游历中增长见识。美国密歇根大学的 Paul A. Dorsey 教授提出:"个人知识管理应该被看作既有逻辑概念层面又有实际操作层面的一套解决问题的技巧与方法。"所以,知识管理就是利用一些手段措施,充分挖掘知识信息,激励个人共享自己的知识,实现隐性知识的显性化,同时利用一些工具,实现信息资源的结构化存储和信息资源智能化利用过程(图 1-6),它包括三个层次:

(1)对个人已经获得的知识进行管理。

(2)通过各种途径学习新知识,吸取和借鉴别人的经验、优点和长处,从而弥补自身思维和知识缺陷不断建构自己的知识特色。

(3)利用自己所掌握的知识以及长期以来形成的观点和思想,再加上别人的思想精华,去伪存真,实现隐含知识的显性化,从而激发创新,形成新的知识。

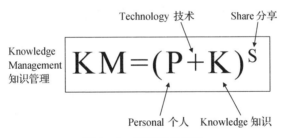

图 1-6　知识管理模型

通过"技术""管理""文化"来确保推动知识的沉淀、共享、学习、应用与创新,从而创造价值。从创新到获取、共享、利用再到知识创新的循环,即组织实施知识管理的过程。对个人而言,通过知识管理,可以取得诸多收益。

其一,缩小关注焦点,提升效率。如今是信息大爆炸的时代,信息从四面八方扑面而来,真假难辨,形式多样,如果不经过筛选、整理,不去有目的地主动构建知识体系,就很有可能迷失其中。学习者在这个分秒在变的世界里必须不断学习,否则就会被时代远远抛弃。聚焦是一种能力,构建知识体系,就能便于缩小关注点,迅速辨识出重要的信息,事半功倍地完成目标。

其二,弥补大脑缺陷,防止遗忘。当知识体系构建后,知识晶体符合人体记忆的规律,记忆更加牢固;而整整齐齐、有规律的信息呈现,也便于更加轻松地复习。

其三，充分利用知识，创造价值。信息对于每个人来说，产生的价值不同。对于同一条信息，有些人能够转化为自己的思维和经验，提升自己的技能；而有些人碎片式阅读后，就将其抛在脑后。

知识管理是一种促进知识创新、获取、共享、利用、循环的管理。它是一种基础管理，因此，知识管理也就是以知识为核心的管理。它是通过确认和有效利用已有的知识，并通过对各种知识的连续性管理，提高主体的创新能力和创造价值的能力，以满足现在和未来发展要求的一种过程。

构建个人知识管理系统，可以提高认知水平。将碎片式的信息，通过有效管理，转化为自己的思维和经验，提升自我技能和个人价值，转变成真正的个人效能，为社会创造价值。个人知识管理不在于知，而在于行；不在于逻辑，而在于实践。

1.3.2 知识管理流程

从信息到智慧的过程中，学习贯穿整个流程（图1-7）。知识管理就是编排出适合自身的持续学习流程，以帮助人们在信息洪流中实现阶段性的人生目标。

图1-7 知识管理流程

1. 信息输入

信息输入是体育知识管理流程的第一步，是信息从加工系统外进入加工系统内的过程。在人的信息加工系统中，信息输入是指刺激物作用于人的感觉器官，感觉器官把物理的或化学的刺激转化为神经冲动传入大脑，大脑对刺激的意义作出解释的信息加工过程。信息输入可分为两个部分：信息收集、信息整理。

体育信息收集主要来源于自主学习或接受学习。自主学习是指学生作为学习的主体，通过独立地分析、探索、实践、质疑、创造等方法来实现学习目标。例如，查阅文献资料、自主实践探究等。目前，通过新媒体学习体育知识已经成为一种新的体育自主学习渠道并呈现出多样化的发展态势。接受学习指人类个体经验的获得来源于学习活动中主体对他人经验的接受,把别人发现的经验经过掌握、占有或吸收,转化成自己的经验。例如教师的讲授、教练员的教导等,就是典型的接受学习。

体育信息整理是对输入的信息加以分类、整理、概括的过程。体育知识大致可以分为体育理论知识与体育实践技能。体育理论知识和体育实践技能是相辅相成,缺一不可的,不能任意割裂两者的辩证关系,孤立地强调某一个方面。体育理论知识来源于实践活动中,是对实践活动的总结和升华。同时体育理论知识对体育实践有能动的反作用,理论产生的最终目的是为了更好地指导实践,体育理论能指导实践活动的有序前行。

信息输入是体育个人知识管理中至关重要的一环,在获取体育知识的过程中,需要深度挖掘,将体育理论知识与实践操作经验相结合,对体育知识信息分门别类地整理,做到"取其精华,去其糟粕"。通过对原始信息的收集与加工分类,可以高效地得出价值含量高、方便人类利用的二次体育信息。信息输入的这一过程将使信息增值,产生新的、用以指导决策的体育有效信息或知识。

2. 目标设定

目标是对个人知识管理预期结果的主观设想,是在头脑中形成的一种主观意识形态,也是个人知识管理的预期目的,为知识管理过程指明方向,具有维系组织各个方面关系、构成系统组织方向核心的作用。《礼记·中庸》中说:"凡事豫(预)则立,不豫(预)则废。"目标设定直接影响个人知识管理长期发展与成功的概率,目标的设立使得个人知识管理切实而可行。目标设定可分为两个部分:自我分析、选择目标。

自我分析是指对自我的理性、深刻、全面的分析。在体育个人知识管理中,不仅要对个人的体育理论知识进行深度分析,还要对个人的体育实践经验进行考察。自我分析与自我剖析、自我研究相类似,都是一个人为更进一步了解自身,包括了解自身的优缺点(主要是了解缺点)而列出的相关逻辑上的分析与对比,得出相应的分析结果,进而制定相应的对策。

选择目标、设立目标应由本人综合自我分析及实际情况而设定。目标方针是个人知识管理的指针,它规定了知识管理在一定时期内总的发展方向、发展战略、发展规模和要达到的水平。设立知识管理目标的同时,应同步制定每个管理方案预计完成的期限,并利用知识管理进行检讨、自我控制及纠正、综合评定。例如在进行体育科学研究时,给自己制定中长期的学习目标或写作目标,结合实际工作量与自身能力设定多个发展阶段,将大大提升学习效率,提升个人知识管理能力。

3. 知识内化

知识内化是个人知识管理的核心部分,如果没有内化,知识的创新、生产、共享都无法实现。这个过程是信息转化为知识的一个中间过程,主要的处理流程是通过构建自主认知系统,合理地把大量的信息分类整理并建立双向链接,建立卡片式的知识片段,在需要输出某类领域知识时,可以快速找到这些相关的片段以供进一步使用。在知识内化的过程中,主要涉及时间管理、笔记整理和系统阅读。知识内化可分为两个部分:学习理解、融会贯通。

体育知识学习是通过阅读、听讲、思考、研究、实践等途径获得知识的过程。由于体育学科的特殊性,在进行体育知识学习的过程中,往往需要理论与实践的反复结合。在运动技能形成的过程中,辅以科学的理论进行指导,体育知识学习也应当遵循理论结合实践的原则,学好、学精。体育科学研究的本质是人们研究体育现象,揭示体育内部和外部规律的创造性的实践活动。因此体育科研应当紧跟体育运动的发展而展开,深入体育实践活动,探寻科学规律,不可理论脱离实践。同理,在体育实践活动中,运动技能形成的泛化、分化阶段都是学习理解的过程。只有在科学的方法下反复训练、提升,才能达到高效的体育实践知识管理。科学的训练方法作为客观规律的理性反映,必然与实践练习相辅相成。

融会贯通指个体融合贯穿各方面的知识,得到全面、系统、透彻的理解,并能结合自身感受加以运用的能力。融会贯通是一种学习者可以做到知识迁移的状态。即表面上并不完全相同的知识具有某种共性,而学习者掌握了不同门类甚至不同领域知识的共通性,进而将不同领域的知识串联起来,将一种领域的思维方式迁移到另外的领域,这就是融会贯通。换言之,当个人将从外界学习到的知识形成系统,能够创造出自身独到的见解与使用方法时,才是超过了学习理解层面达到融会贯通的境界。例如,在学习战术配合时,仅仅能够画出战术线路图,讲出战术的目的意义,并不算是融会贯通,只能算是浅层次的学习理解;只有当战术配合能够结合实际竞赛情况,契合运动员的临场技术特征,将所有有利因素相匹配,通过战术配合的改造而运用于实战,才算真正意义上的完成战术层面的体育知识内化，达到融会贯通的境界。

4. 知识输出

知识输出指知识由内部到外部的传递过程，是个人知识更新迭代的"永动机"。知识管理过程中的知识输出，主要指通过与外界进行输出交流获得反馈信息，从而促使知识进行可持续的更新迭代。知识输出可分为两个部分：输出共建、反馈更新。

输出共建是指通过知识输出的方式与他人共同拥有知识的内容。知识交流与共享的过程同样是知识创新的过程，我们可以通过参加交流会、发表文章等诸多方式去输出知识。目前，个人应该转变知识输出观念，不能把知识看作个人保密财富，应当主动把自身的知识表达出来共享。个人知识管理的最终目的，是在提高工作效率的基础上，提升能力，促进创新，这就要求在个人知识的知识流中，知识管理要有助于个人知识流的流动，促进新知识的不断获取，促进显性知识向隐性知识转化。以个人为中心，不断向外延伸，产生个人的实践领悟等，使知识流有助于个人隐性知识的获得。在学习某一项技术动作时，通过在比赛、教学、交流中使用与推演该技术，就是体育实践知识的输出。相反，如果单纯学习技术动作却不在实战中去检验，往往会与技术的提高背道而驰。

反馈更新是指将学习活动结果（正确性、适当性）的有关信息提供给学习者的活动，并通过反馈的科学指导不断用新知识代替已有知识或陈旧知识的过程。在知识交流过程中，个人获得的信息与其原有的知识的结合就是创造的过程。知识交流中，个人提出自己的观点，得到他人的反馈后，修正自己的观点、理论，重复这个过程，新的知识就创造出来了。反馈更新是个人知识管理中延续存在的步骤，也是促使知识不断创新的源泉。例如，在比赛中运用了某项技术动作，通过对比赛的分析反馈，运动员能够及时发现技术动作存在的问题，进而改良或创新技术动作，通过后续的训练完善技术，这便是体育中的知识反馈更新。

5. 知识应用

知识应用通常指依据已有的知识去解决有关问题的过程，在个人知识管理中是对知识最高层次的展现。知识输出只是帮助我们从理论上系统化地学习，而知识的意义在于在具体的场景中应用，即"学以致用"。同时，知识应用能帮助我们更深入地理解该领域的知识，从而举一反三、沉淀升华。知识应用可分为两个部分：应用创新、沉淀升华。

应用创新指学习者在初步理解和复习教材的基础上，依据所获得的知识去实践、解决问题，或通过对现有知识的管理利用，改进或创造新的事物或方法。知识的应用就是依据所获得的知识去解决同类课题的过程。知识的应用创新实际是通过将所学的知识具体化来为现实服务，或依据某些知识创造性地去发现问题、解决问题，创造新的模式。例如，我国飞人刘翔在其职业生涯早期成绩并不突出，但他根据长期从事跨栏项目的问题总结与实践经验，结合自身能力、技术的综合研判，提出了"八改七"的创新性尝试，从而通过技术的应用创新创造了世界纪录。

沉淀升华是指知识经过长期的积累并逐渐丰实的过程后，知识、境界得到提高和精炼，迈入新的理解层次。事物的量变发展到一定的程度时，事物内部的主要矛盾运动形式发生了改变，进而才能引发质变。短期的知识积累仅仅是知识，而长期的不断沉淀不同知识，才会提升文化修养，从而实现各方面的成就。

1.3.3 知识管理原则

21世纪，知识管理是知识社会中个人和组织提升素质与竞争力、应对知识经济时代的一项重要策略，每个个体都需要掌握各种知识管理方法。知识管理方法是知识管理实践活动中所应用的各种方法的总和，它由一系列方法组成，形成了一套完整的知识管理方法体系。从技术的角度来看，涉及的方法主要有知识挖掘方法、知识组织方法、知识存储方法、知识传输方法、知识检索方法、知识共享方法、知识地图、知识仓库、群件技术、知识网络等。从知识管理的流程来看，涉及的方法有知识获取与知识发现、知识生产方法、知识加工方法、知识组织方法、知识共享方法、知识利用方法等。从管理的角度来看，包括价值管理法、矩阵管理法、系统管理法、人员管理法等。具体到体育领域的应用，各种方法的运用在于原则的把握，关键在于体育研究者、参与者的素质及各方面的能力水平。相应的体育个人知识管理原则有：

1. 系统性原则

系统性原则是指把研究对象看作由各个构成要素形成的有机系统，从系统与部分相互依赖、相互制约的关系中揭示研究对象的特征和运动规律，以及研究对象的系统性质。万物皆为要素和要素间关系组成的系统。认识事物内部的复杂性,不仅要看到事物的组成部分(要素),还要看到部分(要素)间的关系。因此,在进行体育个人知识管理中,要注意全面、辩证地看待个人知识,尤其要注意各知识之间的要素连接关系。

2. 科学性原则

科学性原则是指决策活动必须在决策科学理论的指导下,遵循科学决策的程序,运用科学思维方法来进行的决策行为准则。体育科学是研究体育现象、揭示体育内部和外部规律的一个系统的学科群。在进行体育个人知识管理的过程中,要树立正确的体育科学观,了解体育科学知识的本质特征和属性,明确知识的系统、结构层次,既要尊重所依据的科学理论和科学事实,又不拘泥于事实,既要接受已有的知识观念,又要敢于突破传统观念的束缚。

3. 探究性原则

探究性原则是指通过探索追究或研究穷极事物的根本。知识管理要以科学探究为核心,探究既是科学的学习目的,又是科学的学习方式。因此,知识管理应该重视探究性原则,通过对知识的持续性探究,才能达到知识框架的深入。在体育个人知识管理的过程中,一定要对体育知识进行深入探究,研究体育运动的本质,不可浅尝辄止。

4. 共享性原则

个人知识管理的最终目的,是在提高工作效率的基础上,提升能力,促进创新。这就要求在个人知识的知识流中,知识管理要有助于个人知识流的流动,促进新知识的不断获取,促进显性知识向隐性知识转化。体育知识共建尤其在体育实践中尤为重要,通过知识输出得到正向反馈,促进知识的反馈更新从而反馈升华。

5. 理论结合实践原则

理论结合实践原则是体育个人知识管理最重要的原则。体育理论知识来源于体育实践活动中,是对实践活动的总结和升华。同时体育理论知识对体育实践有能动的反作用,理论产生的最终目的是为了更好地指导实践,体育理论知识能指导实践活动有序前行。

案例操作 1:OneNote 笔记管理

E1 任务要求

1. 环境部署

确认操作系统自带的"OneNote for Windows 10"可以正常运行,同时在 Microsoft Edge 浏览器"拓展"页面中安装"OneNote Web Clipper"插件。

2. 笔记收录

收集国家体育总局、教育部等国家部委关于高水平运动队建设的所有信息,并加以管理。

E2 操作步骤

1. 创建笔记本

如图 1-8,在 Windows 操作系统"开始"菜单中打开"OneNote for Windows 10"。单击"显示笔记本"按钮,在打开的列表底部,单击"＋笔记本"按钮,在"笔记本名称"框中键入笔记本名称,然后选择"创建笔记本"。在右键弹出菜单中点击"重命名笔记本",修改笔记本名为"高水平运动队",回到列表底部,单击"添加分区"按钮依次新建新的分区,在右键弹出菜单中点击"重命名分区",依次新建"教育部""国家体育总局"等分区,用于分别收录相应来源信息。重复上述操作可以创建新的笔记本。

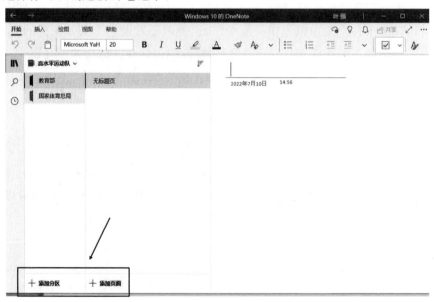

图 1-8　OneNote for Windows 10 主界面

2. 笔记收录

(1) 网页摘录。使用 Edge 浏览器搜索体育总局网站找到《教育部 国家体育总局关于进一步加强普通高等学校高水平运动队建设的意见》(2005年4月18日教育部、国家体育总局发布)文件所在页面,点击 Edge 工具栏的"OneNote Web Clipper"插件,在出现的弹出页面中进行相应选择,包括整页、区域、文章和链接四种方式,其中最合适的是"文章"选项,可以直接摘录网页页面文字。如图 1-9,选择相应方式后,点击"剪辑"保存至 OneDrive,同步到 OneNote for Windows 10。

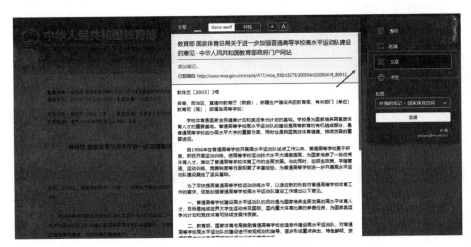

图 1-9 网页文字整页收录

或者选中网页中部分文字,如图 1-10,然后单击右键,在弹出菜单中选择"将所选内容剪切到 OneNote"选项,同样弹出"插件"对话框,再次进行相应"文章"等方式选择,点击"剪辑"保存。

回到 OneNote for Windows 10 界面,右键单击笔记本,在弹出菜单中依次点击"同步""同步此笔记本",即可看到剪辑的内容,如图 1-11。

(2) 直接键入。单击或点击页面上的任意位置,然后开始键入。或者点击菜单栏"插入"项插入表格、图片、链接、音频、符号、公式等,如图 1-12。

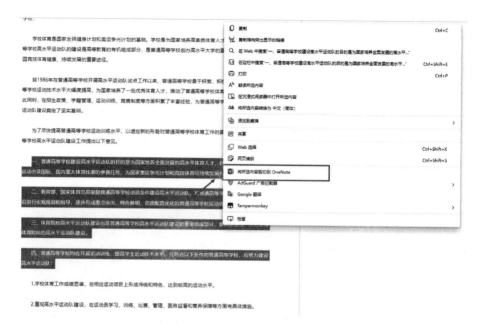

图 1-10　网页所选内容收录

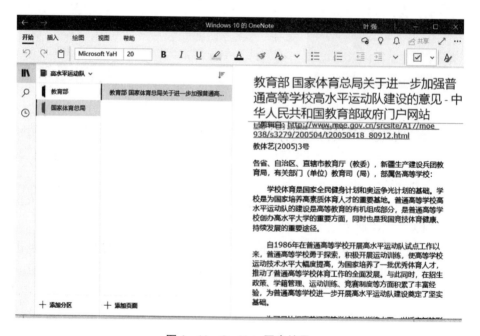

图 1-11　OneNote 同步结果

1 绪论

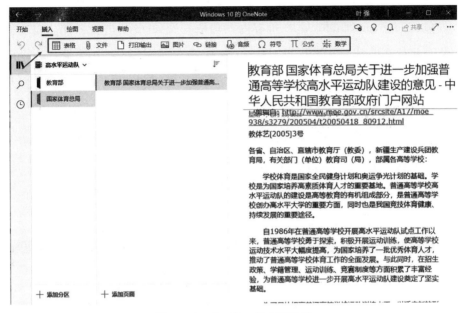

图 1-12 OneNote 插入菜单栏

（3）手绘输入。点击菜单栏"绘图"项后，选择一类画笔，可以使用鼠标、触笔或手指手写笔记。操作过程中，选择"将墨迹转化为文本"，可以将手写内容转换为文本，选择"将墨迹转化为图形"，可以将手绘图形进行拟合，如图1-13。

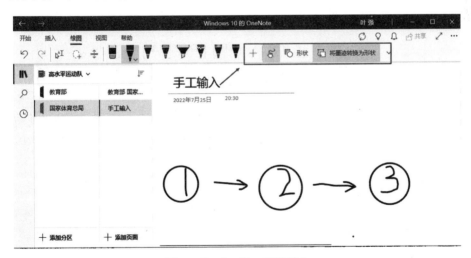

图 1-13 OneNote 手绘输入

3. 保存共享

OneNote for Windows 10 所有内容均依托 OneDrive 进行云同步自动保存。值得注意的是 OneNote for Windows 10、MicroSoft Edge 浏览器、OneNote Web Clipper 和 OneDrive 云盘等须使用同一个 MicroSoft 账号登录方可实现自动保存并同步。

E3 结果处理

1. 序号标记

为了便于组织内容,可以借助序号进行内容管理,如图 1-14,编辑时在第一行点击圈中的按钮就可以加注标号,以后每行都会自动生成标号,不用再去点击。

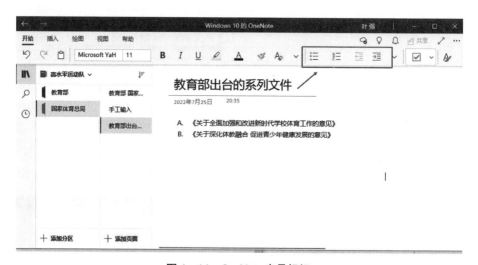

图 1-14 OneNote 序号标记

此外,OneNote 可借助标记按照不同的门类进行整理,如借助符号的代表意义,可以将内容按照重点、难点、考点等形式标注出来,便于整理,如图 1-15。

2. 表格组织

可以将光标放置在表格内再使用"插入"-"表格"命令,或者新建一个表格,并将旧表格复制在新表格里面。当表格 1 和表格 2 是相同结构时,嵌套表格会被合并格式,不会嵌套在一起,如图 1-16。

1 绪论

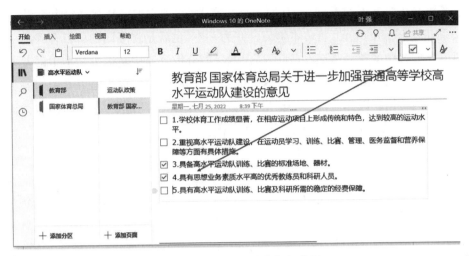

图 1-15　OneNote 序号标记结果

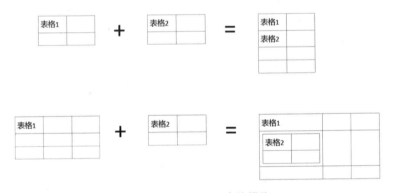

图 1-16　OneNote 表格操作

E4 功能总结

　　OneNote 是一款由微软公司发布的免费数字记笔记应用，可用于笔记、研究、计划和信息管理，能够将生活中需要记录和管理的一切事项囊括其中。在 OneNote 中，笔记易于记录、研究和计划，即使忘记了笔记的最初来源，也可以快速搜索和查找重要信息。本案例使用的 OneNote for Windows 10 软件是 Windows 10 中预装的一款电脑端直接软件，不同于 Office 组件之一的 OneNote，属于 OneNote 的简化版，因此更简单、更易用。

　　OneNote 笔记总关系基于树形结构，和文献管理模式类似，内容增长的动力是结构优化。例如很多课本的每一章内容都互不相关，体现在 OneNote 中就是子页与子页互不相干，但是有的子页却有关联，把它们或链接或合并后建立关系，即构成新的笔记，将多本笔记合并为一本，也就是将不同的科目合并为一科。比如初中的英语笔记本，到了高中就只能分散到高中英语笔记本中的一些分区中，到了大学学习语言学，英语笔记整个合并成一页，成为语言学中语言具体应用的特例。因此一切以"用"为主，依托OneNote进行个人知识管理，关键在于建立习惯、定期回顾、整理、应用和归档。

小结

知识体系的基础是知识，知识量必须足够多，才能够撑起一个体系。个人知识管理是个体应对知识社会生存形势必需的知识管理理念和方法，能将个人拥有的各种资料、随手可得的信息变成更具价值的知识，形成知识体系，最终用于自身的工作、学习和生活。本章通过对知识、知识体系、个人知识管理等的介绍，明确了养成良好学习习惯和完善个人专业知识体系，注重增强专业素养，提高个人能力和竞争力，为实现个人价值和可持续发展打下坚实基础的重要性。

练习

思考题

1. 请解释数据、信息、知识的概念，并简述三者之间的关系。
2. 请分析主动学习和被动学习的区别和联系。
3. 个人知识管理流程包括哪几个步骤？关键点在何处？

实操题

1. 请用知识创新 SECI 理论模型，解读奥运会管理模式的创新历程。
2. 请用 OneNote 建构能量代谢的学习笔记。

2 信息检索

学习目标

1. 能力目标:了解信息检索相关概念与操作流程,具备信息检索的常识。
2. 行为目标:具有良好的信息检索行为,明晰信息素养与体育素养的关联性。
3. 思政目标:理解信息素养与终身学习的关系,感悟创新精神、科学精神。

导言

信息技术虽然只是知识社会诸多新特性中的一种,却已造成极为重大的影响:它让知识可以在瞬间传播,使知识对每个人敞开大门。由于信息流通又快又容易,这就要求知识社会的每一个机构,不仅仅是学校,还包括政府、医院甚至是体育行业都必须具有全球竞争力,虽然大部分组织的活动仍将继续在本地进行,然而互联网会将这些信息传递到世界各地。今天,任何人只需一台电脑,甚至只需要一部手机,就能立即获得大量的信息。因此,信息不再具有力量,真正的力量来源于浏览、理解并能将大量的信息转化为实际行动。

2.1 信息时代的学习

2.1.1 信息与体育

"信息"一词在英文、法文、德文、西班牙文中均是"information",其作为科学术语最早出现在哈特莱于1928年撰写的《信息传输》一文中。20世纪40年代,信息的奠基人香农给出了信息的明确定义,即"信息是用来消除随机不确定性的东西"。控制论创始人维纳进一步认为"信息是人们在适应外部世界,并使这种适应反作用于外部世界的过程中,同外部世界进行互相交换的内容和名称"。我国《辞海》中对"信息"一词注释为:"信息是指对消息接受者来说预先不知道的报道。"英国的《牛津字典》对信息注释为:"信息是谈论的事情、新闻和知识。"此后许多研究者从各自的研究领域出发,给出了不同的定义:数学家认为信息就是概率论;物理学家认为信息就是负熵;通信专家认为信息是解除不定度。当然,以上说法由于立足于各自专业领域,难免各有各的局限性。

> **Tips:"信息"在信息与文献领域的定义**
>
> 按照国家标准《信息与文献 术语》(GB/T 4894—2009)中的定义,信息指被交流的知识,而知识则是基于推理并经过证实的认识。

信息虽早已存在,但信息的作用和价值一直没有引起人们的注意。到了近代,由于生产力的发展,科学技术的进步,人类与自然界的斗争发展到更高级的阶段,人类本能的(即依靠人体本身的感觉器官与思维器官)信息接收和处理能力已不能满足人类改造自然的需求。特别是近代无线电技术、计算机技术的飞速发展,给人所处的世界带来彻底的革命。例如人们要到月球上做研究工作,人们要研究更深层次的微观世界,人们要迅速准确地传递大量的数据,人们要在地球一边收看另一边的电视节目……在实际生活中信息的形式很多,它们可以是数字或字母序列、文章、声音、图像等,可以是时间离散的序列,也可以是时间连续的函数,但它们必然具有随机性或其他的不定性。如今,信息是获得知识、成就智慧的基础(图2-1),因此,扩展人类接收信息和处理信息的能力问题逐渐引起人们的关注。

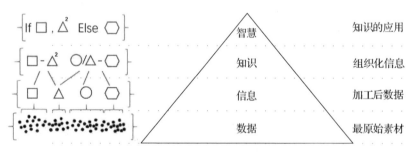

图2-1　智慧、知识、信息和数据的逻辑关系

1. 信息的作用

对于体育而言,信息具有媒介、放大、预测和调控四大基本作用。

(1) 媒介作用,是指各系统之间和系统中各子系统之间都是靠信息来进行联系的。一切运动过程都是"信息过程"。

（2）放大作用，是指凭少量信息，就可以了解系统的其他方面，乃至整个系统的状态及其变化。例如，在运动员选材时，由于条件限制不可能对所有指标都进行测试，往往是只对几个最具有代表性的指标进行测试，这些指标就具有较明显的信息放大作用。利用信息的这一作用，我们可以节省许多人力、物力，大大提高了选材的效率。

（3）预测作用，是指可以从系统的现实信息预测未来可能的状态或变化。如在运动员选材中，我们根据选材对象当年的骨龄测试、发育情况、基因遗传等信息，即可预测出他成年后可能达到的身高。

（4）调控作用，是指使系统能保持动态平衡，并按预定的方向发展。如果没有反馈信息或堵塞了反馈回路，对一个人来说就很难保证有目的的行动的实现。反之，充分利用反馈信息，及时地对控制过程中的各环节乃至全过程进行调整，就可取得最优效果。

信息除了具有以上四个基本作用，在各种特殊的控制过程中还有许多特殊的作用。例如，运动员选材作为体育人才的选拔过程，其核心是通过各种科技手段获取有关选材对象的技能、体能和智能的各种信息，从而进行识别和选拔。

2. 信息的特征

对体育而言，体育信息是体育运动这一客观事物状态和特征的反映，是信息大系统中的有机组成部分之一。体育信息是以文字、语言等符号信息和动作信息为基本形式的信息，因而属于社会信息。由于体育信息往往反映人的机体状态和运动技能状况，因此也包含生物信息和技术信息。体育信息除了具备一般信息共有的特征外，它还有以下一些自己固有的特征。

（1）体育信息的客观性

体育是人的一种社会活动，是以体育活动的现实作为所要反映的内容。体育又是一项激烈的竞技活动，而反映这种活动效益的主要是比赛成绩、体育纪录和运动员承担负荷后身体的各种生理、生化、心理指标以及健康、体质状况等。现代体育竞技日趋激烈，胜负仅在分毫之差。随着运动成绩的不断提高，作为其基础的运动负荷也越来越高，因而准确的测定、记录和报导，就显得越来越重要。这也使体育信息的客观性要求越来越突出。

（2）体育信息容量的海量性

所谓体育信息的容量，是指体育信息所包含的知识量和知识深度，它们往往反映在信息载体的数量和容量上。例如,随着现代体育和体育科技的发展,体育书籍、杂志和信息机器有了很大的发展。据统计,世界各地发行的体育杂志在20世纪40年代还不过100种,60年代也不超过500种,可是到了80年代就达到5000多种。在我国,体育报刊、图书的发展速度也很快,改革开放以来,每年以约20%的比例递增;近年来,体育信息容量扩大的趋势更为显著。

(3) 体育信息产生的滞后性和报导的抢先性

由于信息有新的未知成分,保密性较强,因而一般信息(尤其是工程技术信息和经济信息)一旦产生后,就具有明显的滞后性,直到拥有信息的人从中得到了很大效益,或随着时间的流逝该信息已逐渐失去保密的价值时,才开始向外传输。体育信息虽然也有这种情况,但它在很多方面却不同于一般信息。它具有"产生的滞后性"和"报导的抢先性"特点。体育信息一旦产生就要求在最短的时间里传播,有时甚至是分秒必争,例如重大体育比赛中,任何优异比赛成绩的产生均被媒体第一时间播发,这说明体育信息的抢先报导性是非常明显的,也是非常重要的。现在各国在建设现代化体育场馆时,都设置了能够保证体育信息迅速播发的信息传输系统。

(4) 体育信息的动态性

体育运动具有明显的动态性,如一场比赛中比分的起伏、运动员的更换,一名运动员多年的成长,一堂训练课和体育课中有关运动员和学生的机体状态的变化等,都是在不断发展变化的。在球类比赛中,往往在最后几秒钟还可能发生意想不到的变化。因此,反映这些情况的体育信息也表现出明显的动态性。

(5) 体育信息接受率的不稳定性

所谓"信息接受率",是指受讯人接受发讯人的信息后,信息对受讯人所产生的效果与受讯人的意图相符合的程度。体育运动控制是一个相当复杂的控制过程,其信息的传输过程受到各种因素的影响而表现出明显的不稳定性,从而使受讯人对这种复杂的、多变的信息的接受率也随之表现出极大的不稳定性。

(6) 体育信息的多样性

体育运动系统的复杂性,影响体育运动诸因素的多样性;体育科技的高度分化与综合的双向发展趋势等,也使体育信息日趋多样化、复杂化。现在,几乎所有领域的科学技术成果在体育领域里都可以运用。人们把现代体育称为"现代科技的橱窗"。现代体育竞技,从某种意义上说,是各个国家科学技术水平的较量。有人说,"现代体育竞赛的背后是科技竞赛",这便反映了体育信息本身所包含的客观事物的多样性和复杂性。

2.1.2 信息利用

在信息技术不发达时,"信息共享"自然成为信息利用的首要目标,而互联网的存在,极大地改变了社会信息共享的环境。近年来,网上资料呈指数增长,通过搜索软件,人们能快速搜集到过去不敢想象的、极其丰富的信息资料。电子邮件、即时通信、手机……各种信息手段铺天盖地,翻倍增长的航空班次、快速发展的高速公路和高速铁路网络,在加快人员与物品流动的同时,进一步促进了信息共享。经济学家认为,一种资源的供应增长必然会带来其边际价值的下降,因此互联网未来的信息资源开发及信息共享价值已在不断下降。与此同时,信息资源的再加工成本急剧提高。由于各类信息的标准不同,规范各异,这些信息的再加工甚至只能由"人"进行原始处理,导致信息生产的边际成本快速上升。因此,信息化的核心问题不是信息共享,而应是信息资源的整合与利用。

信息的价值因人而异,一条信息是否有用完全取决于人的行为目标(图2-2)。对某人极为宝贵的信息,对其他人也许一文不值。因此,目标是判定信息价值的唯一标准。任何目标只有精心地去控制、去管理才有可能实现,这种进行精准控制的行为就是信息行为。信息就是为进行这种控制而输入的内容,信息控制则是为达到预定目标而进行的需要耗费精力的选择行为。信息行为本身就是一种施加控制的努力。施加控制是实现人类一切复杂目标的关键。将砖、瓦、石、木料集中起来并不等同于一幢楼房,要使之变成楼房,需要在每一个细节上施加控制力,让每一块砖、瓦、石、木都精准地各就各位才能最终成为楼房。控制的输入就是信息输入,控制的资源则是信息资源。即使最简单的生产行为也离不开物质、能源与信息三大资源的利用。工作、生产的目标越复杂,对信息控制的依赖程度也就越高,信息行为产生的价值也越大。

作为用户信息行为的最后环节,信息利用是使信息真正发挥效能的关键过程。影响信息利用的因素很多,除自身信息需求外,还有信息行为主体因素和信息环境因素。前者包括个体信息素养、知识结构与知识水平、认知能力、行为经验、社会角色等理性因素及情绪心态、兴趣偏好等心理因素;后者包括信息规

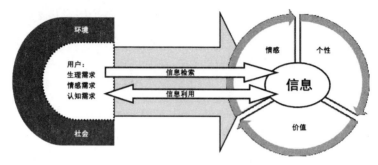

图 2-2 信息行为框架

范体系、社会互动因素、现实空间、网络设施与信息系统性能等。美国学校图书馆员协会则认为信息利用应包含通过读、看、听和触摸吸收的各类资源提供的信息;从资源中抽取相关信息,抽取信息的方式包括阅读图书、期刊、书目和引文索引等。此外,在不同语境或领域,与其相关的概念还有信息消费、信息采纳等。一般来讲,信息利用的作用有:①启发用户思维;②改造用户知识结构;③辅助用户决策;④指导用户行为;⑤成为用户各种创造活动的源泉。

> **Tips:体育信息行为**
>
> 现代体育的信息化对我们从事体育工作的人提出了更高的要求,在这种情况下,我们应该改变传统的观点和认识,建构良好的信息行为,以一种全新的观点和思维方式去认识和对待现代体育,即:
>
> 1. 正确地对待人类创造的科技成果,并运用到现代体育中来,尤其要处理好人脑与电脑的关系。
>
> 2. 从根本上解决如何正确对待知识的问题,必须努力地、完整地完善自己的知识和信息体系。
>
> 3. 树立改革和创新的精神,致力成为勇于创新和改革的开拓型人才。
>
> 4. 跟上信息化社会的形势,掌握社会发展动向,努力培养和提高适应信息社会变化的能力。
>
> 5. 重视信息的获取,建立完整的个人知识体系,搞好"信息化投资"。
>
> 6. 重视信息的深广度和知识的交叉渗透,实现现代体育的综合利用。
>
> 7. 要特别重视知识结构和智能结构,尽快实现信息化社会要求的信息素养。

2.1.3 学习方式变革

信息技术是用于管理和处理信息所采用的各种技术的总称。在信息技术持续创新并推动人类社会信息化水平不断升级的过程中,我们经历了以高度数字化为主要特征的第一次信息化浪潮的洗礼,目前正处于以高度网络化为主要特征的第二次信息化浪潮之巅,已经听到以高度智能化为主要特征的第三次信息化浪潮扑面而来的轰鸣。人类学习是信息利用的主要途径,三次信息化浪潮层层叠加,对人类学习方式的影响广泛而深刻(表2-1)。

表 2-1 三次信息化浪潮对学习的影响

信息化浪潮	第一次浪潮:信息化1.0	第二次浪潮:信息化2.0	第三次浪潮:信息化3.0
主要特征	数字化	网络化	智能化
发生时间	1980年左右	1995年左右	2010年左右
创新源头	计算机和微电子技术	网络通信技术	基于大数据的智能技术
标志产物	个人计算机	互联网	物联网、云计算
解决问题	信息处理	信息传输	信息爆炸
学习影响	学习内容采集、存储和利用效率的大幅提升	颠覆了人类的学习环境和学习手段	创造"人—机—物"高度融合的人类学习方式新境界

1. 对学习内容的影响

最直接的表现就是数字实体的网络化,以及与网络化、数字化相关的信息技术的协同演进。以图书为例,传统的书如果只是数字化,就只能方便阅读学习;但若是加上网络化技术,如标签技术、索引技术、搜索技术,就可以变成一本"活"的书。维基百科就是一个典型案例。维基百科首先是一本百科全书,是一本网页、视频、音频、文档等内容相互链接的关联之"书",是持续将分布各地的用户知识数字化并关联在一起的"书",每一次编辑、每一次点击,都在帮助它"生长"。基于大数据分析技术、标签技术、语义分析、知识图谱等技术,一个个单个的知识可以在原来的简单的数字实体网络空间基础上,构建出新的知识空间。

2. 对学习环境的影响

在互联网、传感器等技术手段的推动下,学习环境正在由原来单一的"端"模式逐步过渡为"云+端"模式。"云"的表现形式为一个或多个相互关联的数据中心，其中集中部署了计算用的服务器、存储用的硬盘等硬件，以及处理数据、分析数据、提供学习服务的公共软件系统。学习内容、运行环境、学习数据、学习平台一切都在云上；"端"则指的是用户的学习终端，比如电脑、智能手机等。学习时按需从云上将学习内容下载到终端再将进度和成果回传到云上，即可实现时时、处处可学，并且可以接续而学。

3. 对学习手段的影响

数字化技术的发展使得学习硬件终端变得更为便携，网络化技术也推动着学习的软件手段实现服务化。以在线课程学习平台服务为例，2012年以来，国内外刮起了一股"慕课"风暴，这些平台都提供以Online形式为主的学习服务，学习者学习时不需要在自己的电脑上安装学习平台，打开网页就可以看课程、做练习、做作业，还可以通过账号分析查看自己的学习成效。再比如一些知识服务移动应用程序，如APP、微信公众号等，软件是免费的，而知识服务是收费的，学习也就变成了一种获取服务的方式。更为常见的是，办公软件也在逐渐转变服务方式，比如Office软件，原来需要购买序列号，现在也逐步变为按月订阅。

4. 对教学主体的影响

数字化让现实世界中的老师产生数字化"分身"，网络化则汇聚起老师的时间盈余和认知盈余，并进一步实现由"分身"到"合体"。"合体"是建立在数字化"分身"基础上的，是专家教授、知识网红等数字化"分身"和来自全世界的助教团队与虚拟"教师"团队等，聚合成"联合教师团队"，从而为学习者提供学习服务。学习者越来越关注网络化的学习资源和服务，对于对面的教学主体是一个真实的老师还是自动化汇聚的知识服务，又或是一个机器智慧群，已经越来越不关注。同时智能化技术的发展，也使得这三者的融合越来越深，区别越来越小。

2.2 体育与信息素养

2.2.1 信息素养

在知识时代，信息素养是终身学习的核心，也是开展自主学习的基本条件，更是一个人学会学习的主要标识。关于信息素养的定义虽然有许多，但都存在共性特征。联合国教科文组织认为，信息素养是一种能力，它能够确定、查找、评估、组织和有效地生产、使用和交流信息,并解决面临的问题。在专业学习与实践中,信息素养一般是指合理合法地利用各种信息工具,特别是多媒体和网络技术工具,确定、获取、评估、应用、整合和创造信息,以实现某种特定目的的能力。其核心是信息能力,包括识别获取、评价判断、协作交流、加工处理、生成创造信息的能力,亦即运用信息资源进行问题求解、批判性思维、决策和创新等高阶思维活动的能力。面对网络和数字化浪潮,人们的学习方式与思维方式都发生了明显的变化,不仅要学习知识,更要学会处理海量信息,充分利用各种媒体与技术工具,解决学习与生活中的问题,甚至力求创新,从而应对复杂多变的环境,实现自我价值,因此信息素养成为一种终身学习或自主学习的态度、方法和能力。

20 世纪 70 年代,美国信息产业协会主席 Paul Zurkowski 首次提出了"信息素养"的概念,更多地局限在图书文献检索技能方面。20 世纪 90 年代,随着计算机应用的不断深入,尤其是文献资料管理的日益普及,信息素养的作用日益受到重视。1989 年,美国图书馆协会(American Library Association,简称 ALA)认为具有信息素养的人应善于依据既定问题或论点分析所需信息的时间,能够查找信息、评估信息、组织信息,能够有效使用信息并且将所学知识有效融合在一起。进入 21 世纪,人类社会完全步入信息化时代,海量信息既给人们的生活、工作与学习带来了前所未有的便捷与高效,但也对人们使用信息的伦理与责任提出了新的挑战。2003 年,美国国家图书馆和信息科学委员会认为信息素养应该包括信息意识和信息能力两个方面。前者主要指个人对信息的关注和主动意识到自身的信息需要,后者指通过查找、评价、组织信息而有效解决问题的能力。至此,信息素养一致被认为应包含意识层面、能力层面和道德伦理层面三个方面,其中信息意识是先导,信息能力既是基础又是核心,信息伦理是保证,从而构成一个有机整体。

(1) 信息意识。信息意识是人们在信息活动中产生的认识、观念和需求的总和。信息意识主要包括:①对信息的正确认知。个体应认识到信息在信息时代的重要作用,确立在信息时代尊重知识、终身学习、勇于创新等新观念。②对信息的内在需求。个体除了满足自身对信息的需求外,还应积极地将社会对个人的要求自觉地转化为个人内在的信息需求。③对信息的敏感性和洞察力。个体应迅速有效地发现并掌握有价值的信息,挖掘信息的隐含意义和价值,识别信息的真伪并将信息现象与实际工作、生活、学习迅速联系,并从中找出解决问题的方案。

(2) 信息能力。信息能力是指人们有效利用信息设备和信息资源获取信息、加工处理信息以及创造新信息的能力。它主要包括:①信息工具的使用能力,包括文字处理工具、浏览器和搜索引擎工具、网页制作工具、电子邮件等工具的使用能力。②获取和识别信息的能力,即个体运用科学方法从外界载体中提取所需信息的能力。③加工处理信息的能力,指个体依据特定的目的和需求,对所获信息进行整理、鉴别、筛选、重组以提高信息使用价值的能力。④创造与传递信息的能力,即个体从新角度、深层次对已掌握的信息进行加工处理,并通过各种渠道与他人交流、共享,从而创造出新的信息的能力。

(3) 信息伦理。信息伦理指信息活动中的人文操守,即能自觉地运用信息解决个人、社会所关心的问题,使信息产生合理的价值,以及自觉地遵循信息的伦理、道德和法规等。

作为信息素养的核心,信息能力或信息加工能力主要包括寻找、选择、整理和储存各种有用的信息;言简意赅地整合或重新表征信息;针对问题求解或目的实现,选择、重组、应用已有信息;正确评价信息,比较几种说法或方法的优缺点,看出它们的各自特点、适用场合以及局限性;利用信息作出新的预测或假设;能够从信息看出变化的趋势、模式并提出变化的规律。获取信息是手段,不是目的。加工处理信息的目的在于综合利用各种信息,在分析处理各种相关信息的基础上,围绕解决某一问题,创造新的信息。一般说来,信息素养包括八大能力,如表 2-2 所示。

表 2-2　信息素养的能力要求

能力维度	能力要求
运用工具	能熟练使用各种信息工具,特别是计算机和网络交流工具
获取信息	能根据问题或目标需求,有效地收集各种相关信息,能熟练地使用阅读、访问、讨论、参观、实验、检索等获取信息的方法
处理信息	能对所收集的信息进行评价、筛选、归纳、分类、存储、鉴别、分析综合、抽象概括和表达等
生成信息	能全面准确地概述、综合、融合或整合、改造和表述所需要的信息,不仅简洁流畅、富有个性,而且能使信息增值,即产生新的观念或想法

续表

能力维度	能力要求
创造信息	在综合多种信息的基础上,通过系列理性思维、批判性思维和创造性思维,形成问题求解或决策方案,或使之成为新信息的生长点,创造新信息,达到搜寻信息的终极目的
发挥效益	善于运用相关信息解决学习、生活、工作等方面的问题或决策,提升生存和发展的质量,让信息发挥最大的社会和经济效益,为个人、群体和社会服务
信息协作	学习即形成联接或创建网络,能通过信息的发散和汇聚,充分实现信息的分享、分布式认知和协作,构建学习共同体和个人学习环境,使信息或信息工具成为延伸自我的有效中介
信息免疫	能恪守正确的信息伦理,自控、自律和自我调节能力强,能自觉地抵御消极信息的侵蚀

当前,信息素养由过去单一维度的技能进一步扩展到多维度的综合素质,由静态的结果发展到动态的过程,由图书馆相关专业为主的单一学科问题发展到教育学、心理学和信息技术科学等共同关注的跨学科群主题。在一个终身学习的时代,每个人都必须掌握与时代需求相匹配、以信息素养为核心的学习能力。每个人的信息素养水平必须在具体的实践应用和反思中才能获得不断提升。

2.2.2 体育与信息素养

现代社会已发展成为一个信息化社会,在由人流、物流和信息流构成的人类社会实践活动的三股流中,信息流是最主要的,它对人类社会活动起到了支配作用。体育领域在解决具体问题时,着眼点在信息,而不在物。信息调节着现代体育发展中的人流、物流的方向、目标、数量和速度,为人们更好地利用物的条件,促使现代体育跟上信息化社会发展的步伐创造了条件。时代的信息化特征,要求现代体育进行革命性变革,这个变革的核心正是要求我们体育人提升信息素养,适应现代体育变革性发展,具体应从以下几方面着手。

1. 扩大信息来源渠道

现代的体育相关工作,核心是信息管理工作,具体是帮助一线在实践中获取更多的信息。这不仅是体育管理人员和科研人员的主要工作之一,也是处于体育实践活动第一线的教练员、体育教师、运动员和学生必须掌握的工作内容,因此体育相关工作者更应主动设法扩大信息的来源,并养成经常注意获取信息的习惯,随时了解和掌握体育教学和运动训练的发展趋向以及运动员和学生从事体育实践活动的各种有关信息,形成体育信息素养,充实体育专业素养。现代体育的信息来源主要有以下几种类型:

(1) 体育实践活动。主要指体育教学、训练、比赛和锻炼等活动。任何从事体育活动的人,都会在体育活动中表现出自己的各种机能状况的原始信息,只要我们去获取,就能得到大量的信息。获取这部分信息,主要通过观察、摄影,技术、战术统计,以及专门的生理、生化、心理方面的科学测定等,还可以通过测验、考核等方式和途径获取。这是一种十分重要的信息源,由于这种信息源具有可以随机获取的特点,因而属于"随机信息源"。

(2) 体育实践经验。由于人的实践活动(包括体育活动)是一项长期的活动,通过实践,人的经验信息会不断地产生和扩大,因而可以说这是一种取之不尽、用之不竭的信息源。经验有直接经验和间接经验之分,但无论是直接经验还是间接经验,一旦储存在人的大脑中,就成为一种"内部信息源"。

(3) 情报、书刊、资料和文件。这是一种以文字信息的形式经过加工处理后集合而成的信息源,是一种较为科学的高级信息源。由于这种信息源可以直接提取使用,而不需要再加工处理,因而是一种经济性、实效性很高的信息源。又由于这些信息多为知识信息,如体育科学杂志等,因而也可称为"知识信息源"。

(4) 科学研究和学术活动。每一项科研成果都为我们提供了最新的信息,现代科技的发展也会促进体育科研的发展,并已形成一个相对独立的完整体系。现代体育科研为从事体育实践活动的教练员、体育教师、体育管理人员等提供了一个十分重要的信息源。由于许多研究成果往往首先在一些学术活动中进行交流,如全国体育科学大会等,这些学术活动也相应成为一种新的情报信息和知识信息的信息源。

(5) 信息网络。信息网络是将许多分散在不同层次、不同途径的"子信息源",通过一定的通信方式和手段联系在一起所构成的一个能流通和传递信息的网络系统。迄今,信息网络建设的不断完善,已成为现代体育管理一个十分重要的条件,如体育标准化信息平台等。这些专业的信息网络可以使来自基层的各种信息迅速传递到科研人员和管理人员手中。

2. 提高信息处理质量

信息的处理是分层次的。高层次的信息处理量大、要求高、难度大,因而主要是由科研人员、理论工作者等高层次信息工作人员,运用现代化的信息处理方式(如统计系统等),对大量的原始信息进行高精度的科学处理,而且往往包含许多复杂的定量化信息处理;中层次的信息处理,主要是由具体掌握体育实践控制活动的信息工作人员(如体育教师、教练员等)对来自体育实践活动中被控对象(如学生、运动员和参加体育锻炼活动的一般人)的反馈信息和经高层次信息工作人员预加工的信息,结合运动实践所进行的"精处理";低层次的信息处理,是由直接从事体育实践活动的被控对象,对自己感觉到的反馈信息和来自其他信息工作人员的信息,进行最后的"内处理",然后变成内部指令,对自己的训练活动、教学活动和锻炼活动进行有效的自我调控。只有经过信息工作人员(包括体育科研人员和控制人员)的两次外处理和一次练习者的内处理的控制信息,才是高质量的信息,才能转变为练习者自觉的运动行为。为了进一步提高信息处理的质量,在现代体育活动中,已开始广泛地运用电子计算机等信息处理机来进行高质量、高速度、高精度的信息处理。体育专业素养的体现重在实践,而来源于实践的原始信息,往往是包含真伪两个方面的较为粗糙的信息,必须经过必要的去粗取精、去伪存真的加工处理后,才能在实践中运用。

3. 疏通信息传输通道

信息的传输通道叫"信道"。信道越畅通,信息传输效果就越好;反之,信息传输就会受阻,甚至被切断而无法控制信息的传输,实施有效的控制也就成为一句空话。信道可能是有形的、物质的,也可能是无形的、非物质的。在运动训练实践中,教练员认真地向运动员讲解、示范,而运动员又能及时向教练员反映训练后的自我感觉,有效地进行信息的交换,这是信道畅通的表现;反之,如果教练员的讲解不主动,示范不正确、不及时,运动员也不积极主动配合,那就是信道受阻,甚至可以说信道被切断。

体育运动是一个不断与周围环境进行能量、物质、人员和信息交换的复杂的多功能动态系统。由于信息源很多,信息传递的通道也不止一条,因而必须尽最大努力保持各条信道的畅通。例如,如不能处理好教练员、领队、情报科研人员、医务监督人员和营养师之间的信息联系,以及他们与运动员之间的信息交换,就会阻塞甚至切断信息的通道,直接影响信息传递的效果,造成训练工作的混乱。从信息传输的关系来看,教练员是训练控制过程中起主导作用的人,他们的主要信息功能,是传输控制信息和获取有关运动员训练状况的反馈信息。除教练员之外的其他信息工作人员的主要信息功能，是将从运动员处直接获取的原始信息，经预加工后连同自己的意见提供给教练员参考。在一般情况下，其他人员不应越过教练员直接向运动员发出控制性指令或改变教练员的原控制指令，以保证信息传输的通道既畅通又有一定的控制作用，这是在现代训练中实施多学科综合利用时应特别注意的问题。因此，保证信息传输的效率十分重要，对体育专业素养在实践中的应用效果和养成中涵盖信息传输通道建构的能力具有很大的影响。

4. 重视信息检索利用

体育工作者的信息能力，主要是指获取信息的能力（如观察、收集信息的能力，掌握各种测试方法、手段的能力等），分析和处理信息的能力（如思维能力、分析归纳问题的能力等），传输信息能力（如讲解、示范能力，自我暗示能力，掌握信息传输机器的能力等），储存和检索信息的能力（如大脑的记忆能力、回忆和映现所需信息的能力、在信息储存系统中索取所需信息的能力等），以及运用信息的能力（如根据已有信息作出科学决策的能力、最优选择的能力、组织指导训练及自我调控的能力等）。由于各种能力的基础都是一个人的知识、技能水平，因此，一个人如果没有一定数量的知识储备，不能及时地进行知识更新，就不可能有很高的智能水平，就难以适应现代运动训练的科学化、信息化发展的要求。因此，作为体育运动的实践工作者，也要不断加强自己的知识积累和信息检索利用的能力。以竞技体育为例，教练员要注意对自己多年训练的计划、总结和收集的第一手资料分门别类地整理和保管；各运动队必须尽快建立教练员和运动员的业务档案和训练档案；运动员和教练员都要坚持编写训练日记，因为这是最简单的信息利用方式之一。此外，还应定期对运动员的机能状况进行全面测定，并把数据输入电脑储存起来，以备今后使用。因此提升体育工作者的知识水平，必须重视信息检索利用。

2.3 信息检索

2.3.1 工作原理

信息检索的内涵包括广义与狭义两种。广义的信息检索由存储与检索两部分组成。存储是指通过对数据的加工与整理，使之系统化并存储到对应的数据库中,从而将杂乱无章的信息转化成可为用户检索的信息集合的过程;检索是指用户利用检索系统提供的检索语言与规则,从信息集合中查询出符合需求的信息子集的过程。狭义的信息检索仅包含检索过程,主要包括3个方面的含义:了解用户的信息需求;掌握信息检索的技术或方法;满足信息用户的需求。

信息检索的作用就是充当信息用户与信息源之间的媒介,其基本原理是在对信息进行整理排序形成检索工具的基础上,按照用户的要求利用检索工具或检索系统,将用户检索提问标识(检索词)与已形成的或存储在系统中的信息的存储标识(文献特征标识、标引词)进行匹配比较,若取得一致,则为匹配,即达到了用户的检索需求(图2-3)。

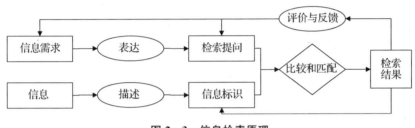

图2-3 信息检索原理

常用检索方法包括:①常规法,即按照一般信息检索步骤对检索系统中的相关信息进行查询,又可细分为顺查法、抽查法与倒查法。②追溯法,是基于文献的引用行为实现信息的检索,又分为传统追溯法与引文追溯法两种。前者通过一次信息包含的参考文献进行信息查询;后者从与检索需求相关的一篇文献出发,通过该文献被引用的情况查询其他相关文献。③综合法,即综合利用常规法与追溯法进行信息的查询。

2.3.2 基本过程

从用户角度看,一个完整的信息检索过程主要包括以下步骤(图2-4):

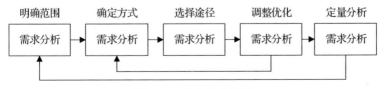

图2-4 信息检索过程

(1) 检索需求分析。表述清楚的检索需求是高效检索的前提,因此在正式检索之前,要从需要解决的问题出发,确定检索的领域范围,明晰具体需求,为检索系统与检索途径的选择做准备。

(2) 检索系统确定。检索系统之间包含的信息资源类型与数量各异,在充分了解候选检索系统包含数据库的学科范围、数据特征及系统提供的检索方式等信息的基础上,考虑上一步分析得到的检索需求,确定对应的检索系统。

(3) 检索途径选择与检索式构建。不同系统提供的检索途径可能不一样,根据综合分析系统包含的检索途径与用户检索需求,确定合适的检索途径。在学术文献检索中,主要包括主题、著者、引文、分类等检索途径。根据检索途径构建对应的查询检索式,检索式是用户检索需求的结构化描述,由检索词与各种算符组成,在很大程度上决定着检索结果的质量。

(4) 检索策略的开展与调整。在选定的检索系统中输入对应检索式,得到首次检索结果。分析结果是否能满足最初的检索需求,如果不能则需要对检索策略作出一定调整。调整方案包括选择其他检索系统、综合多种检索途径、修改检索词、重新构建查询检索式等。

(5) 检索结果定量评估。利用检索评价指标定量评估检索结果,如查全率与查准率等。

2.3.3 检索类型

根据检索过程采用技术的不同,可将信息检索划分为手工检索(即手检)与计算机检索(即机检)两类。手工检索,指工作人员通过手工检索工具,人工查询相关信息的过程。手工检索可综合利用多种检索工具,并根据检索结果随时修改检索策略。较之计算机检索系统,手工检索系统构建成本较低,但对工作人员的专业水平要求较高,检索过程耗时长,受个人能力限制较难实现多元与多概念检索。计算机检索,指通过计算机检索系统查询相关信息的过程。该类检索速度快,支持普通用户自行构建检索式查询信息,降低人工成本。

依托计算机快速的数据响应与处理能力,计算机检索能满足多概念组合检索、多数据库联合检索等更高层次检索需求,是主流的信息检索方法。依据检索内容不同,信息检索可分为文献检索、数据检索与事实检索3类。文献检索,是以文献为对象的检索过程,返回结果为文献信息;数据检索,是以数据为对象的检索过程,从文献信息中查询相关数据、公式等也是数据检索的一种;事实检索,是从事实数据库或信息系统中检索特定事实的过程,如利用百科全书进行相关事实查询。以上3种方法的主要区别在于:数据检索和事实检索是要检索出包含在文献中的信息本身,而文献检索则是检索出包含所需要信息的文献即可。

2.3.4　检索工具

信息检索工具是汇集各种信息,并按照一定的规则描述和编排,以供信息查考的工具或系统。信息检索工具类型繁多,可以从不同角度进行分类。

按照信息加工的手段或设备,可分为3种:①手工检索工具,用手工方式查找信息所使用的工具,如书本式检索工具(检索刊物)、卡片目录、单元词卡片检索系统;②机械检索工具,利用某种机械装置查找信息的机械化系统,如卡片检索机、缩微胶卷快速检索机、微型胶片检索系统;③计算机检索工具,利用电子计算机查找信息的电子化系统,包括计算机、检索软件、数据库、检索终端及其他外围设备。

按照信息载体形态,可分为4种:①书本式检索工具,包括期刊式、单卷式和附录式等;②卡片式检索工具,包括普通卡片目录、元词卡片检索系统、手工穿孔卡片检索系统、机器穿孔卡片检索系统等;③缩微式检索工具,包括透明缩微平片、幅面缩微胶卷、照相缩微平片、缩微胶卷、视频磁卡、光盘等;④磁性材料检索工具,包括磁带、磁盘、磁鼓、磁卡等。

按照著录格式,可分为4种:①目录型检索工具,如馆藏目录、联合目录、国家书目等;②题录型检索工具;③文摘型检索工具;④索引型检索工具。

按照收录范围,可分为3种:①综合性检索工具,收录范围和涉及学科广泛,文献类型和语种多样,是最常用的检索工具;②专业性检索工具,收录范围限于某一学科领域,适用于检索专业信息;③单一性检索工具,往往只收录某一种特定类型文献,学科范围可宽可窄,检索特定类型文献效果要比综合性、专业性检索工具好。

信息检索工具应具备的特征有:①详细而完整地描述信息的各种特征;②每条描述记录必须有检索标识;③按照一定顺序组织记录形成一个有机整体,并提供多种检索手段和检索途径。

信息检索工具具有揭示报道、存储累积和检索利用信息的功能。其用途如下：①将庞杂的信息进行初步筛选，按类集中，列出收藏单位和来源，为使用者提供所需资料的"地址"；②报道信息的核心内容，使读者免阅无关紧要的原文，节省阅读时间；③附有多种检索标识和检索手段，为使用者快速查找所需信息提供便捷途径；④将多种语言的信息变为本国语言的摘要，消除了语言障碍；⑤通报最新科技成果，有利于科技人员掌握世界科技动态，开阔眼界，启迪思路；⑥提供文献篇数、国别、著者等统计数据，用以评价、鉴定科研成果，预测科技发展趋势。

随着计算机技术的发展和互联网的普及，传统的手工检索工具和机械检索工具逐渐退出历史舞台，以各种搜索引擎等为代表的计算机信息检索工具日渐普及，并面向检索用户大众化的需求，向简易化、智能化、个性化方向发展。

2.4 搜索引擎

2.4.1 工作原理

搜索引擎是指根据一定的策略，运用特定的计算机程序搜集互联网上的信息，在对信息进行组织和处理后，将信息显示给用户，为用户提供检索服务的系统。搜索引擎由搜索器、索引器、检索器和用户接口四个部分组成，主要包括信息搜集、信息整理和用户查询等功能。早期的搜索引擎是把互联网中的资源服务器的地址收集起来，根据其提供的资源的类型而分成不同目录以供查询。随着互联网信息的几何式增长，出现了新的搜索引擎，这些搜索引擎根据一定的策略，运用浏览器软件等特定的计算机程序从互联网上搜集信息，搜索引擎服务器在对信息进行组织和处理后，通过WEB服务器为用户提供检索服务，将与用户检索相关的信息展示给用户（图2-5）。

2.4.2 主要分类

如今搜索引擎不仅仅包括人们熟知的百度等，其也已经融入各种专业数据库中。一般而言，凡是获得网站网页资料，能够建立数据库并提供查询的系统，都与搜索引擎密不可分。信息搜索涉及搜索用户的目标定位、搜索界面的设计与交互、搜索引擎算法的选择、搜索内容的确定，以及搜索功能的设计和实现部

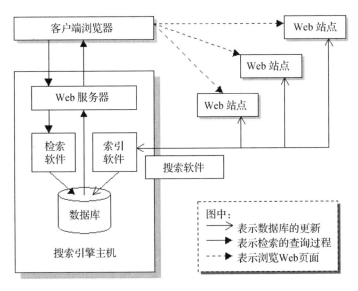

图 2-5 网络搜索引擎工作流程

分。按照工作原理,搜索引擎主要分为全文搜索引擎和分类目录索引,并衍生出元搜索引擎和集成搜索引擎。

1. 全文搜索引擎

全文搜索引擎的数据库是依靠"网络机器人"或"网络蜘蛛"等,通过网络上的各种链接自动获取大量网页信息内容,并按一定的规则分析整理形成的,Google、百度都是比较典型的全文搜索引擎系统。其自动信息搜集功能分为两种:一种是定期搜索,即每隔一段时间(比如 Google 一般是 28 天),搜索引擎主动派出"蜘蛛"程序,对一定 IP 地址范围内的互联网站进行检索,一旦发现新的网站,它会自动提取网站的信息和网址加入自己的数据库中;另一种是提交网站搜索,即网站拥有者主动向搜索引擎提交网址,它在一定时间内(2 天到数月不等)定向派出"蜘蛛"程序,扫描网站并将有关信息存入数据库,以备用户查询。当用户以关键词查找信息时,搜索引擎会在数据库中进行搜寻,如果找到与用户要求内容相符的网站,便采用特殊的算法,通常根据网页中关键词的匹配程度、出现的位置/频次、链接质量等计算出各网页的相关度及排名等级,然后根据关联度高低,按顺序将这些网页链接返回给用户。

2. 分类目录索引

分类目录索引则是通过人工的方式收集整理网站资料形成数据库的,比如雅虎中国等。另外网上的一些导航站点，也可归属为原始的分类目录索引，比如网址之家等。与全文搜索引擎相比，目录索引有许多不同之处。目录索引，顾名思义就是将网站分门别类地存放在相应的目录中，因此用户在查询信息时，可选择关键词搜索，也可按分类目录逐层查找。如以关键词搜索，返回的结果跟搜索引擎一样，也是根据信息关联程度排列网站，只不过其中人为因素要多一些。如果按分层目录查找，某一目录中网站的排名则是由标题字母的先后顺序决定的（也有例外）。全文搜索引擎和分类目录在使用上各有长短。全文搜索引擎因为依靠软件进行搜集，所以数据库的容量非常庞大，但是，它的查询结果往往不够准确；分类目录依靠人工收集和整理网站，能够提供更为准确的查询结果，但搜集的内容却非常有限。

3. 元搜索引擎

元搜索引擎不是一种独立的搜索引擎，它最显著的特点是没有自己的资源索引数据库，架构在许多其他搜索引擎之上。元搜索引擎在接受用户查询请求时，可以同时在其他多个搜索引擎中进行搜索，并将其他搜索引擎的检索结果经过处理后返回给用户。元搜索引擎为用户提供了一个统一的查询页面，通过自己的用户提问预处理子系统将用户提问转换成各个成员搜索引擎能识别的形式并提交给这些成员搜索引擎，然后把各个成员搜索引擎的搜索结果用自己的结果处理子系统进行比较分析，去除重复后，按照自定义的排序规则进行排序，最后返回给用户。所以，一般的元搜索引擎包括三大功能结构：提问预处理子系统、检索接口代理子系统和检索结果处理子系统。

4. 集成搜索引擎

集成搜索引擎又称"多引擎同步检索系统"，其在一个检索页面上链接若干种独立的搜索引擎，检索时需点选或指定搜索引擎，一次检索输入，多引擎同时搜索，用起来相当方便。集成搜索引擎无自建数据库，不需研发支持技术，当然也不能控制和优化检索结果。但集成搜索引擎制作与维护技术简单，可随时对所链接的搜索引擎进行增删调整和及时更新，尤其是大规模、专业（如 FLASH、MP3 等）搜索引擎集成链接，深受特定用户群欢迎。

任何搜索引擎均有其特定的数据库索引范围、独特的功能和使用方法，以及预期的用户群指向。一种搜索引擎不可能满足所有人或一个人所有的检索需求。在某些情况下，如文献普查、专题查询、新闻调查与溯源、软件及 MP3 下载地址搜索等,人们往往需要使用多种搜索引擎,对搜索结果进行比较、筛选和相互印证。为解决逐一登录各搜索引擎,并在各搜索引擎中分别多次输入同一检索请求(检索字串)等烦琐操作,集成搜索引擎和元搜索引擎便应运而生。

2.4.3 常用搜索引擎

许多学术搜索引擎提供从工程、技术到生物学、自然科学等一系列主题的信息,为科学论文的所有研究相关需求提供了集成解决方案。此外,它们还提供了个性化和定制化的方式供用户搜索任何特定主题的研究材料。

1. Google Scholar

谷歌学术成立于 2004 年,是研究人员和学者广泛使用的学术资源之一。该项索引包括了世界上绝大部分出版的学术期刊,可以从一个位置搜索众多学科和资料来源,如来自学术著作出版商、专业性社团、预印本、各个大学及其他学术组织的经同行评论的文章、论文、图书、摘要和文章。Google Scholar 可以帮助研究人员在整个学术领域中确定相关性最强的研究。

2. CiteSeerx

CiteSeerx 成立于 1998 年,是第一个在线学术数据库,并已发展成为一个更动态和用户友好的学术搜索引擎。它主要提供计算机科学领域的信息,通过自主引文索引系统对学术资源进行索引。这个学术数据库对寻找计算机和信息科学信息的用户特别有帮助。

3. Microsoft Academic Research

微软学术研究是另一个顶级的学术资源搜索引擎。它由微软研究院开发,拥有超过 4800 万份出版物,作者超过 2000 万人。它为从计算机科学到社会科学、生物学的各种科学期刊编制了索引,带来了许多搜索学术资源的新方法,如论文、作者、会议和期刊。

4. Directory of Open Access Journals(DOAJ)

DOAJ 是另一个科学和学术资源的免费搜索引擎。该目录在科学研究领域内提供了广泛的主题。它是最丰富的学术数据库之一,有 8000 多种针对不同主题的期刊,所有期刊均经过同行评审。

5. Semantic Scholar

Semantic Scholar 是由微软联合创始人 Paul Allen 打造的免费学术搜索引

擎,目标是帮助科研用户从浩如烟海的文献中快速筛选有用信息,减少检索时间,提升工作效率。Semantic Scholar 利用机器学习技术,可以从文献文本中挑选出最重要的关键词或短语,确定文献的研究主题;也可以从文献中提取图表,呈现在文献检索页面;能够帮助使用者快速理解文献的主要内容。截至 2020年 5 月 8 日,Semantic Scholar 已收录文献 1.87 亿篇,涵盖经济、管理等 19 个领域。

6. 学术搜索 Base

Base 是德国比勒费尔德(Bielefeld)大学图书馆开发的一个多学科的学术搜索引擎,提供对全球异构学术资源的集成检索服务。它整合了德国比勒费尔德大学的图书馆目录和大约 160 个开放资源(超过 200 万个文档)的数据。

7. 科塔学术导航

科塔学术导航是一个全面的科研与学术资源导航平台,它为科研人员提供科研网站导航、网址库等服务,让科研工作更简单、更有效率。科塔学术导航网站包括学术资源、科研社交、科学传播、科研机构 4 个模块,可以轻易找到学术研究所需要的网站、工具、文献数据等。

8. 思谋学术

思谋学术为科研工作者提供谷歌学术搜索的镜像网站导航,自动检测和更新可以访问的谷歌镜像网址,并提供学术论文的 SCI-Hub 免费下载通道。

案例操作 2:百度高级搜索

E1 任务要求

1. 信息搜索

搜索中小学校体育俱乐部建设相关的资讯。

2. 学术搜索

搜索中小学校体育俱乐部建设相关的论文。

E2 操作步骤

1. 信息检索

(1) 高级搜索。输入百度网址 https://www.baidu.com/,在打开的百度页面右上角点击"设置",再在弹出菜单中点击"高级搜索",如图 2-6 所示。

图 2-6　百度首页打开高级搜索功能

(2) 检索设置。弹出的"高级搜索"对话框如图 2-7 所示,根据题意需要,在"包含完整关键词"文本框中输入"中小学 体育 俱乐部",为了限定范围,聚焦对象,可在"不包括关键词"文本框中输入"大学 高校"。

图 2-7　检索设置

(3) 结果筛选。注意检索对话框中系统自动生成检索式"中小学 体育 俱乐部-(大学|高校)",针对检索结果选择网页、视频等不同页面类型进行筛选,进一步可点击"搜索工具"进行时间、文件类型等条件筛选,如图 2-8 所示。

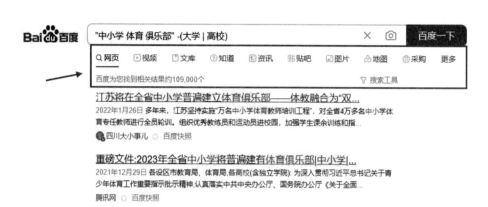

图 2-8　结果筛选

E3 结果处理

（1）结果保存。如图 2-9，右键单击想要咨询的链接，在弹出菜单中点击"添加到集锦"项，根据需要集中存储到"体教融合政策"等自命名的集锦中，也可打开页面对页面内容进行 OneNote 笔记剪辑操作，具体参见上一章操作案例。

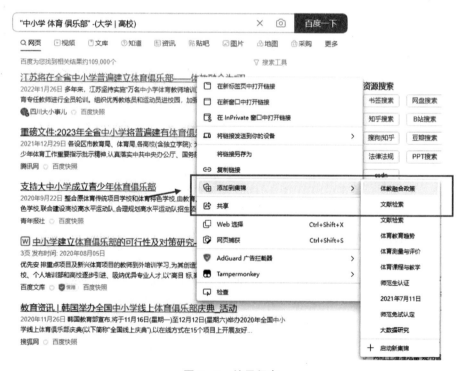

图 2-9　结果保存

（2）进阶处理。回到百度首页，点击页面左上角"更多"，再在弹出菜单中点击"学术"，如图 2-10。

图 2-10　百度其他模块

在打开的页面中，如图 2-11，点击"高级搜索"，在弹出对话框中的"包含精确检索词"文本框中输入"中小学 体育 俱乐部"。

图 2-11　百度学术高级搜索

如图 2-12，进入结果页面后，可调整左侧条件选定区域进行筛选，也可进行相关性排序，以及进行收藏、引用、下载等操作，并可就结果进一步调整检索词进行再次高级搜索。

图 2-12 百度学术搜索结果筛选

E4 功能总结

搜索引擎的种类非常多,如谷歌、360、必应、夸克等都为人们所熟知,但百度搜索作为体量最大的中文搜索引擎,在国内这一领域可以说是独占鳌头。具体体现在:①适于中文初级搜索用户使用;②百度学术、百度百科等功能模块可以丰富检索需求,弥补检索质量不足;③专注于中文网页的索引,中文检索结果相对全面。但是它也存在广告过多、结果质量不高等缺陷与不足。

小结

信息检索是能力,也是习惯。在信息技术大变革、大发展的时代背景下,无论是体育环境、运动模式,还是体育自身都发生了巨大变革,信息素养作为现代人的基本素养也深刻影响着体育领域,从事体育相关活动也愈发需要具备信息素养。本章通过对信息及其行为、信息素养、信息检索、搜索引擎等相关知识的阐释,介绍了体育信息的作用与特征、体育专业素养与信息素养的关系、信息检索的基本过程、搜索引擎的使用等,明确体育信息的意义,强调信息素养对体育专业能力发展的价值,并借助案例讲解,帮助理解专业背景下信息检索的实际应用,为后续章节的学习奠定基础。

练习

思考题

1. 什么是体育信息? 它有什么作用? 具备什么特征?
2. 信息利用的作用有哪些?

3. 信息检索基本过程包括哪几个步骤？关键点在何处？
4. 常见的检索工具有哪些类型？
5. 搜索引擎有哪些类型？常用的搜索引擎有哪些？

实操题

1. 请用百度高级检索功能检索新中国成立以来中国学校体育的相关政策。
2. 请用百度学术检索美国学校体育课程相关标准及国内外相关研究成果。

3 文献检索

学习目标

1. 能力目标:了解文献检索相关概念与操作流程,具备文献检索的一般常识。

2. 行为目标:养成良好的文献检索习惯,认知文献检索能力与专业能力发展不可分割的辩证关系。

3. 思政目标:理解文献演变历程与人类文明发展的关系,体悟求实精神、求索精神。

导言

现代社会,信息资源丰富多样,知识存储过于庞大和无序,人们在海量信息面前面临着3种挑战:无限的文献资料对有限的阅读时间的挑战;急涌而至的文献对人们接受能力的挑战;大量新知识的出现对人们理解能力的挑战。文献检索正是从大量无序知识中搜索有用的、准确的知识,是快速获取知识的捷径,同时又能提高信息利用的效率。文献检索已经成为构成知识体系和专业能力中一个不可缺少的部分。有效、快速、准确地在海量信息中找到所需要的文献,并有效利用文献,已经成为专门人才的必备素质,因此掌握文献检索的方法和技能有着重要的意义。

3.1 文献

3.1.1 文献缘起及演变

"文献"一词,最早见于《论语·八佾》:"子曰:'夏礼,吾能言之,杞不足征也;殷礼,吾能言之,宋不足征也。文献不足故也。足,则吾能征之矣。'"在中国古代,"文献"的"文"和"献"各有其义,开始时"文"专指记录古代礼制的书面材料,"献"指熟悉古代礼制的贤德之人,书面材料与贤人并列(图3-1);后来发展为"文"和"献"同指文字记录的书面材料,但叙事者为"文",论事者为"献",人的因素逐渐淡出。"文"和"献"都有印证史实的作用,开始时专指古代典章制度史,后来发展为更为广泛的社会史。

图3-1 文献汉字演变(从左至右为甲骨文、秦篆、《康熙字典》中的文字)

随着社会的进步和人们观念的更新,现代文献的概念也在不断发展,其内涵和外延与之前相比都发生了不小的变化。从文献的价值看,之前对文献的理解刻意强调文献的历史价值,而现代文献观不仅强调它的历史价值,也接受和认可它的一般参考价值。从文献的表现形式看,之前对文献的理解多强调其书面记录性,而现代文献观则把文字之外的图像、声音、数码等记录符号也纳入了文献的范围,从载体的形式上扩大了文献的范围。从文献的内容看,之前对文献承载的内容多限定在典章制度史或一般社会史范围,而现代文献观认为文献记录的内容包含人类的一切知识。比如,武汉大学和北京大学合编的《目录学概论》(中华书局1982年版)指出:"文献是用文字、图画、符号、声频、视频等手段记录的知识。"《文献著录总则》(GB 3792.1—83)将文献定义为"记录有知识的一切载体",这也是目前普遍认可的文献术语定义。

3.1.2 文献的构成要素

文献的构成包含以下4个要素:

(1) 文献的记录内容。内容是文献的核心构成要素,也是它的价值和功用所在。文献记录的内容为知识,即人类通过实践对客观事物及其运动过程和规律的认识,是被人们理解和认识并经头脑重新组织和系列化的信息。

(2) 文献的记录符号。任何内容都必须借助一定的形式才能表现出来,文献的记录符号是指为了某种目的将文献的知识内容转换成的相应的符号体系。从其发展历史来看,包括语言、文字、图像、音频、视频、数码等。

(3) 文献的载体形式。文献的载体具备可记录性、可阅读性、可保存性和可复制性等功能属性。中国古代文献的载体形式经历了从甲骨、金石到简策、缣帛、纸张的演变,近代至现代陆续出现了胶卷、平片、唱片、磁带、软盘、光盘、硬盘、芯片等新的载体形式。

(4)文献的记录手段。是指将文献的知识内容以记录符号的形式附着在某种物理载体上的技术手段,如甲骨文献的刻画、金石文献的铸刻、简策及缣帛文献的书写、纸本文献的雕版印刷和活字印刷,以及近现代文献陆续出现的影印、录音、摄影、录像、扫描、拷贝等。

文献是记录有知识和信息的一切载体,或称为固化在某种物质载体上的知识和信息,当文献中记录的知识传递给用户,并为用户所利用时,文献中的知识就转化为情报(表3-1)。因此,文献是记录、积累、传播和继承知识的最有效的手段,是人类社会活动中获取情报的最基本、最主要的来源,也是交流传播情报的最基本手段。现在通常将文献理解为图书、期刊等各种出版物的总和。

表3-1 主要概念辨析

概念	信息	知识	情报	文献
定义	信息是物质存在的一种方式、形态或运动状态,是事物的一种普遍属性,一般指数据、消息中包含的意义,可以使消息中所描述事件的不定性减少	人类对客观世界的正确认识,是社会生产实践和科学研究的概括和总结,是人脑加工、整理的序列化的信息	为了解决某一特定问题而被传递的知识和事实,是被激活了的知识	记录知识的一切载体。凡属于人类的知识,用文字、图形、符号、音频、视频等手段记录保存下来,并用以交流传播的一切物质的载体
特征	客观性、动态性、依存性、可传递性、共享性	规律性、实践性、渗透性、继承性、信息性	知识性、传递性、效用性	内部特征、外部特征
基本要素	信源、信宿、媒介(语言、载体、信道)	经验、事实、判断及经验法则	知识或信息经过传递、使用产生效益	记录内容、记录符号、载体形式、记录手段
联系	信息是知识的源泉,知识是系统化、理论化的信息;情报是活化了的知识信息,是动态的、传递的知识;文献是信息、知识和情报通过某种手段记录并储存在某种物质载体上而形成的外在表现形式			

3.1.3 文献的类型和功用

文献具有多重属性,其类型的划分标准也是多样的。按形成年代分,有古代文献、近现代文献、当代文献;按载体形态分,有甲骨文献、金石文献(金文文献)、简牍文献、缣帛文献、纸本文献、电子文献等;按记录手段分,有写本文献、拓印文献、印刷文献、缩微文献、声像文献、机读文献等;按语言文字分,有汉语文献、外语文献等;按知识内容分,有历史文献、文学文献、哲学文献、科技文献、医学文献等;按加工层次分,有灰色文献(零次文献)、一次文献、二次文献、三次文献等(表3-2)。文献有存储、积累人类社会知识、传递和交流信息、社会教育、文化传承与塑造等功能。

表3-2 文献的加工层次

	定义	举例
一次文献	作者以其本人的研究成果为基本素材写成的原始创作	期刊论文、图书、科技报告、学位论文、会议文献
二次文献	将大量无序、分散的一次文献收集、整理、加工,著录其外部或内容特征	目录、索引、文摘、网络检索工具(Baidu、Yahoo)
三次文献	科技人员围绕某一专题,借助二次文献,在充分研究与利用大量一次文献的基础上撰写成的新的文献	综述、述评、进展、百科全书
零次文献	未经加工、直接记录在载体上的原始信息	私人笔记、会议记录

按照文献的出版形式和内容,文献可以分为图书、期刊、报纸、特种文献(学位论文、会议论文、专利文献、标准文献、科技报告、政府出版物、产品样本资料等)。

(1) 图书

联合国教科文组织对图书的定义是:凡由出版社(商)出版的不包括封面和封底在内49页以上的,具有特定的书名和著者名,编有国际标准书号(ISBN),有定价并取得版权保护的出版物称为图书。图书是以传播知识为目的,用文字或其他信息符号记录于一定形式的材料之上的著作物;图书是人类社会实践的产物,是一种特定的不断发展着的知识传播工具。图书包括专著、教科书、词典、丛书、工具书、百科全书等。

> **Tips:ISSN 号和 ISBN 号**
>
> 国际标准书号(International Standard Book Number,简称 ISBN)是国际通用的图书或独立的出版物代码。一个国际标准书号只有 1 个或 1 份相应的出版物与之对应。国际标准书号由 13 位数字组成。前 3 位数字代表图书,中间的 9 个数字分为 3 组,分别表示国家代码、出版社代码和书序码,最后一个数字是校验码,从 0 到 9 或 X。格式举例:《体育信息技术应用实务》ISBN 为 978 - 7 - 305 - 20431 - 9。
>
> 国际标准连续出版物编号(International Standard Serial Number,简称 ISSN)是根据国际标准 ISO 3297 制定的连续出版物国际标准编码,是连续出版物的唯一代码标识。该编号是以 ISSN 为前缀,由 8 位数字组成。8 位数字分为前后两组,每组 4 位,中间以连接号相连。格式举例:《南京体育学院学报》ISSN 为 1671 - 5950。

(2) 期刊

也称杂志,是由多位作者撰写的不同题材的作品构成的定期出版物。期刊有固定刊名,是以期、卷、号或年、月为序,定期或不定期连续出版的印刷读物,每期的内容不重复。期刊出版单位出版期刊,必须经新闻出版总署批准,持有国内统一连续出版物编号(ISSN)。根据期刊的出版周期,期刊可以分为旬刊、半月刊、月刊、双月刊、季刊、半年刊、年刊。期刊按用途不同可以分为学术类期刊和非学术类期刊两大类(表 3-3)。学术类期刊按主管单位的不同,可以分为省级、国家级、科技核心期刊(统计源期刊)、中文核心期刊(北大中文核心)、中文社会科学引文索引(CSSCI)、中国科学引文数据库(CSCD)、双核心期刊等。

表 3-3 常见类型期刊的区别

内容	杂志	专业期刊	学术期刊
读者类型	一般公众	在某个领域工作的人	研究人员、学者、专家
参考文献目录	没有	部分	必需
文章特征(长度、深度、结构)	通俗性、时效性、常识性	一定指向性,侧重提供操作建议与技巧	聚焦某一科学问题,有明确的体裁结构
采编方式	杂志编辑审阅确定	杂志编辑审阅、主编审定	同行评审后编委会审定

续表

内容	杂志	专业期刊	学术期刊
作者	记者或专家	专业人士	该领域的研究人员/专家
呈现特点	文章通俗易懂,日常照片多,生活广告多	文章通俗易懂,专业图片多,行业广告多	文章专业性强,内容全面,通常包括图表、图形、统计数据等,少有广告

(3) 报纸

也是连续出版物的一种,是以刊载新闻和时事评论为主的定期向公众发行的印刷出版物,是大众传播的重要载体,具有反映和引导社会舆论的功能。根据出版周期,报纸可分为日报、早报、晚报、双日报、周报、旬报等。

(4) 特种文献

①学位论文,是指学生为了获得所修学位,按要求所撰写的论文。学位论文是学术论文的一种形式,有严格的格式要求,一般不公开出版。学位论文分为学士论文、硕士论文、博士论文 3 种。

②会议论文,是指在会议等正式场合宣读的首次发表的论文。会议论文属于公开发表的论文,一般正式的学术交流会议都会出版会议论文集。会议论文集不是期刊,但是有的期刊会以会议论文出增刊。

③专利文献,是包含已经申请或被确认为发现、发明、实用新型和工业品外观设计的研究、设计、开发和试验成果的有关资料,以及保护发明人、专利所有人及工业品外观设计和实用新型注册证书持有人权利的有关资料的已出版或未出版的文件(或其摘要)的总称。

④标准文献,是经公认权威机构(主管机关)批准的一整套在特定范围(领域)内必须执行的规格、规则、技术要求等规范性文献,简称标准。

⑤科技报告,是记录某一科研项目调查、实验、研究的成果或进展情况的报告,又称研究报告、报告文献。每份报告自成一册,通常载有主持单位、报告撰写者、密级、报告号、研究项目号和合同号等。其按内容可分为报告书、论文、通报、札记、技术译文、备忘录、特种出版物。

⑥政府出版物,是指由政府机构制作出版或由政府机构编辑并授权指定出版商出版的文献。常见的政府出版物有报告、公报、通报、文件汇编、会议录、统计资料、图表、地名词典、官员名录、国家机关指南、工作手册、地图集以及传统

的图书、期刊,也包括缩微、视听等其他载体的非书资料。

⑦产品样本资料,是指厂商或贸易机构为宣传和推销其产品而印发的资料,如产品目录、产品说明书、产品总览、产品手册等。

对于学术生涯刚刚起步还处于学习阶段的本科生,以及刚进入科研阶段的研究生来说,不同阶段需要培养的学术能力的侧重点不同,其主要需要阅读的文献类型不同(图3-2)。评判一个人的专业能力,一般都是判断他是否能以科学的思维和适当的方法对未知领域进行科学探索,因此每个阶段都需要重点培养科研能力/文献检索能力,这包括如何进行文献检索以及如何阅读文献等,以接触更多类型的专业文献,从而为将来从事具体的工作打好基础。

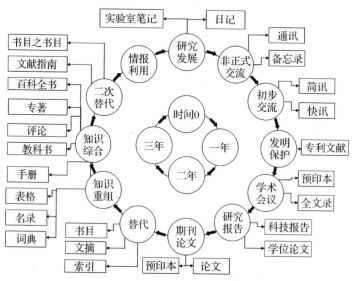

图3-2 研究全过程中文献信息出现的形式

3.2 文献检索

3.2.1 工作原理

文献检索是将文献按一定的方式存储起来,然后根据需要从中查出有关课题(主题)文献的过程,包括文献的整序和查寻两个方面。其中整序是对文献进行加工,按学科分类、主题词字顺或其他方式组织排序,形成检索工具或检索系统;而查寻是根据用户的需要,从上述有序文献集合中查出相关文献。狭义的文献检索仅指后者。从性质上看,文献检索是一种相关性检索,即只能查出与用户提问相关的文献供用户参考,而不能直接解答用户提出的问题。

从过程形式上看,文献检索包括手工检索、机械检索和计算机检索,无论是手工检索还是计算机检索,都是一个经过仔细思考并通过实践逐步完善查找方法的过程。检索过程通常要包含以下几个步骤:①分析检索要求;②制定检索策略;③试查和调整检索策略;④正式查找;⑤补遗性查找;⑥整理检索结果或打印输出;⑦获取或复制原文。利用计算机查找文献时,用户的检索要求用布尔逻辑提问式表示。另外,根据用户需求和检索系统功能的不同,还可以采用位置运算符、一致条件(完全一致、部分一致、任意一致等)、比较条件(等于、大于等于、小于等于等)、加权检索、截词检索、范围检索、字符串检索等技巧,以提高检索效果(图3-3)。

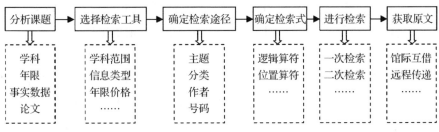

图3-3 检索过程

3.2.2 检索类型

文献检索多用于情报检索。文献情报检索是从一个文献集合中查找出所需文献;事实情报检索是从存储数据的集合中查找出有关事实;数据情报检索是从数据的集合中查找出有关数据。最初的情报检索是通过制作资料卡片等手工形式进行的,随着计算机的出现和普及,计算机情报检索逐渐取代了手工检索,并成为情报检索的主要形式。一个完整的计算机情报检索系统由硬件系统、软件系统、数据库通信线路和检索终端组成。通常使用的技术主要有截词检索和通配检索、限定检索、加权检索和聚类检索、原文检索与扩展检索等。按内容,可分为文献情报检索、事实情报检索和数据情报检索;按时间,可分为现期情报检索和追溯情报检索;按情报提供的方式,可分为定题情报服务和问答情报服务。计算机情报检索具有检索速度快、检索途径多、资源共享、检索更方便灵活、检索结果可直接输出等特点,随着科技的发展,情报检索将更加便捷。

文献检索是科学技术情报工作的重要组成部分,是科学研究的前期工作。它使人们能够有效控制和充分利用数量巨大且迅猛增长的各类文献资料,大大节省文献查找时间,及时掌握国内外有关信息,借鉴前人的研究成果,提高工作效率,避免重复研究。根据文献加工深度的不同,文献检索可以分为题录检索、文摘检索和全文检索。前两种检索都只能查出原文献的代用品——二次文献;而全文检索则要求把文献的全部信息都存入系统中,用户可根据需要从中直接查出有关文献的全文或其中一部分(节、段、句等)。

3.2.3 检索途径

具体到实施上,文献检索无外乎外部特征检索和内容特征检索。因此,根据信息的基本特征,可以把文献检索途径分为外部特征检索途径(题名途径、著者途径、引文途径等)和内容特征检索途径(分类途径、主题途径等)两大类。

1. 外部特征检索途径

信息源的外部特征是指在文献载体的外表上标记的可见特征,如题名(刊名、书名、篇名等)、责任者(作者、编者、译者、专利权人、出版机构等)、号码(标准号、专利号、报告号、索取号等),这些特征在文献数据库中均以字段的形式存储,因此外部特征检索多见于字段检索。字段检索是将检索词限制在数据库记录中的一个或几个字段范围内,保证检索结果达到一定专指度的检索方法。字段检索系统中,每个字段都有对应的字段名和字段代码,字段代码往往由2个字母表示。例如,TI 表示"题名(title)",AU 表示"作者(author)"。常用检索字段主要分为基本字段与辅助字段两类,其中基本字段用于表征文献主题内容特征,如篇名、文摘、叙词、分类号等;辅助字段用于表征文献外部特征,包括除基本字段以外的所有字段,如作者、机构、语种等。利用字段限制检索时,基本字段一般用后缀表示,辅助字段用前缀表示。例如,"training load/TI,KW"表示将检索式限定在题名字段(TI)和关键词字段(KW)中;"AU=Ye Q."表示查找著者 Ye Q. 发表的文献。由于用户没有注明字段限定范围,多数系统默认在所有标引字段中检索。大部分互联网搜索引擎提供字段检索功能,常用限定字段包括网页标题(t:或 title)、域名(domain)、URL、链接(link:)等。部分搜索引擎还提供文件类型限定功能,如利用 Google 进行检索时,可通过在关键词后输入

"filetype:"来限定检索结果的文件类型。

2. 内容特征检索途径

信息源的内容特征是文献所载的知识信息中隐含的、潜在的特征,如分类、主题等。内容特征检索途径最常见的为主题检索,它是以揭示文献主题内容的语词为检索词,以主题字顺为主要检索途径,通过参照系统等方法揭示词间关系的标引和检索信息资源的方法。主题检索主要利用主题目录和文献检索工具中的主题索引来完成。根据主题词的类型,主题检索分为:①标题检索,以规范化的语词标识文献主题,汇编成标题词表,用字顺序列提供主题检索途径;②叙词检索,以从自然语言中优选出来的、经过严格规范化处理的术语作为文献主题标识,具有很强的组配性,通过概念组配方式表达文献主题;③单元词检索,单元词指概念上不能再细分的语词,以此作为主题标识,通过组配的方式表达文献主题;④关键词检索,关键词指文献的正文、标题、摘要中表达主题的语词,具有实质意义,基本不作规范化处理,具有直观、易标引的优点,但由于规范性相对较低,误检率和漏检率较高。主题检索规范性强,它采用规范化的自然语言标引检索内容与控制检索词,从而增强整个检索过程的规划性;同时语义程度高,由于主题词不是独立存在,而是通过多种语义关系关联起来的,如属分关系、同义关系等,因此语义关联可提高资源描述与匹配的语义程度,更可通过两个或两个以上主题词组配提高查全率。

> **Tips:主题词与关键词**
>
> 主题词又称叙词,是从自然语言中选取的能表征文献内容特征,并经过规范化处理的名词术语,是在标引和检索中用以表达文献主题的人工语言,具有概念化和规范化的特征。主题词可以是单词、词组或短语,它对文献中出现的同义词、近义词、多义词以及同一概念的不同书写形式等进行严格的控制和规范,使每个主题词都含义明确,以便准确检索,防止误检、漏检。主题词的选取主要依据主题词表。主题词表是对主题词进行规范化处理的依据,也是文献处理者和检索者共同参照的依据。
>
> 关键词属于自然语言的范畴,未经规范化处理,也不受主题词表的控制。关键词是指那些出现在文献的标题(篇名、章节名)以及摘要、正文中,对揭示和描述文献主题内容具有关键性作用的重要词语。关键词语言直接

> 采用自然语言作为检索标识，对自然语言中大量存在的等同、同义等关系未加规范统一，在检索时往往不可能把表达某一概念的全部等同关系词都考虑到，因此，漏检的可能性比较大。

3.2.4 检索方法

信息检索方法就是为实现某个检索计划所采用的具体操作方法，其目的在于寻找一种以最少的时间、最佳的途径，获得最满意的检索效果的方法。经过长期的研究和总结，现已有多种文献检索方法。

1. 顺查法

顺查法指按照时间的顺序，由远及近地利用检索系统进行文献信息检索的方法。这种方法能收集到某一课题的系统文献，适用于较大课题的文献检索。例如，已知某课题的起始年代，现在需要了解其发展的全过程，就可以用顺查法从最初的年代开始，逐渐向近期查找。该方法的优点是漏检率、误检率比较低，缺点是工作量大。

2. 逆查法

逆查法是由近及远地查找，逆着时间的顺序利用检索工具进行文献信息检索的方法。此方法的重点放在近期文献上，只需查到基本满足需要的文献就可以了。使用这种方法可以最快地获得新资料，而且近期的资料总是既概括了前期的成果，又反映了最新水平和动向。这种方法工作量较小，但是漏检率较高，主要用于新课题立项前的调研。

3. 抽查法

抽查法是针对检索课题的特点，选择有关该课题的文献信息最可能出现或最多出现的时间段，利用检索工具进行重点检索的方法。它适用于检索某一领域研究高潮很明显的、某一学科的发展阶段很清晰的、某一事物出现频率在某一阶段很突出的课题。该方法是一种费时较少而又能查到较多有效文献的检索方法。

4. 追溯法

追溯法是指利用已经掌握的文献末尾所列的参考文献，进行逐一追溯查找"引文"的一种最简便的扩大情报来源的方法。它还可以从查到的"引文"中再追溯查找"引文",像滚雪球一样,依据文献间的引用关系,获得越来越多的与内容相关的文献。这些与内容相关的文献反映着某一课题的立论依据和背景,也在某种程度上反映着某课题或其中的某一观点、某种发现的发展过程。用追溯法查找文献出现漏检索和误检索的可能性均较大,同时也比较麻烦,具有较大局限性。

5. 综合法

综合法又称循环法,是把前述方法加以综合运用的方法。综合法既要利用检索工具进行常规检索,又要利用文献后所附参考文献进行追溯检索,分期分段地交替使用几种方法。即先利用检索工具(系统)检索到一批文献,再以这些文献末尾的参考目标为线索逆行查找,如此循环进行,直到满足要求为止。

3.3 文献检索语言

3.3.1 检索语言

检索语言是应文献信息的加工、存储和检索的共同需要而编制的专门语言,是表达一系列概括文献信息内容和检索课题内容的概念及其相互关系的概念标识系统。简言之,检索语言是用来描述信息源特征和进行检索的人工语言,可分为规范化语言(受控词)和非规范化语言(非受控词)两类。受控词是事先规范化的检索语言,取自主题词表、叙词表、分类表等。受控词的检索效率高,一旦选定宽度适当的概念,系统就能检出这一概念的全部内容,而且,由于标引人员已事先解决了自然语言中的同义、近义关系,使检索相对容易。非受控词是指非规范化的自然语言词汇,又称自由词。非受控词具有可任意选词、专指性强、不需要熟悉词表、能使用新产生的名词术语及时检索与新概念有关的文献等特点。

> **Tips:规范化处理**
>
> 所谓规范化处理,就是在文献存储时,对文献中的同义词、近义词、多义词等加以严格的控制和规范,使得同一主题概念的文献相对集中在一个主题词下。因此,我们习惯将受控词称为主题词,非受控词称为关键词。例如"自行车"一词,常用的词语还有"单车""脚踏车"等,其中"单车""脚踏车"不

> 是受控词,"自行车"是受控词。所有有关"自行车"的文献都集中在"自行车"一词下。在检索时,当用"单车"一词查找时,就会漏掉所有有关"脚踏车"和"自行车"的文献,同样用"脚踏车"检索时,就会漏检所有"单车"和"自行车"的文献,而用"自行车"一词就可查到所有相关文献。

检索语言在信息检索中起着极其重要的作用,它是沟通信息存储与信息检索两个过程的桥梁。在信息存储过程中,用它来描述信息的内容和外部特征,从而形成检索标识;在检索过程中,用它来描述检索提问,从而形成提问标识;当提问标识与检索标识完全匹配或部分匹配时,结果即为命中文献。检索语言的主要作用包括:①特征,即标引文献信息内容及其外表特征,保证不同标引人员表征文献的一致性;②相关性,即对内容相同及相关的文献信息加以集中或揭示其相关性;③有序化,即检索使文献信息的存储集中化、系统化、组织化,便于检索者按照一定的排列次序进行有序化检索;④一致性,即便于将标引用语和检索用语进行相符性比较,保证不同检索人员表述相同文献内容的一致性,以及检索人员与标引人员对相同文献内容表述的一致性;⑤最高全准率,即保证检索者按不同需要检索文献时,都能获得最高查全率和查准率。

3.3.2 检索运算符

1. 布尔逻辑算符

运用布尔逻辑算符(Boolean Operators)对检索词进行逻辑组配,是现代信息检索系统中最常使用的一种检索方法(图 3-4)。常用的布尔逻辑算符有三种,分别是"逻辑与"(AND)、"逻辑或"(OR)、"逻辑非"(NOT)。

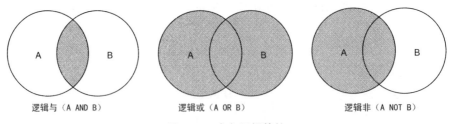

图 3-4 布尔逻辑算符

"逻辑与"也可用"*"表示。用检索表达式"A AND B"(或"A * B")检索时,命中结果为同时包含 A 和 B 两个检索词的文献。"逻辑或"也可用"+"表示。用检索表达式"A OR B"(或"A＋B")检索时,凡包含检索词 A 或者检索词 B 或者同时包含 A 和 B 两个检索词的文献均为命中结果。"逻辑非"也可用"－"表示。用检索表达式"A NOT B"(或"A－B")检索时,命中结果为只包含检索词 A,不包含检索词 B,也不包含同时出现 A 和 B 两个检索词的文献。

在一个检索式中,可以同时使用多个逻辑运算符,构成复合逻辑检索式。在有括号的情况下,括号内的逻辑运算先执行,括号有多层时最内层括号中的运算先执行;而在无括号的情况下,不同的检索系统对布尔逻辑的运算次序有不同的规定,因而也会导致不同的检索结果。通常运算次序有:①NOT 最先执行,AND 其次执行,OR 最后执行;②AND 与 NOT 依其自然顺序同级最先执行,OR 其次执行;③AND 最先执行,NOT 其次执行,OR 最后执行;④OR 最先执行,AND 其次执行,NOT 最后执行;⑤按自然顺序,AND、OR、NOT 哪个在先就先执行哪个。一般而言,检索系统的"帮助"文件中都会有相关说明,只要注意查看即可。

2. 截词算符

截词算符是检索中用以代替检索词中一个或多个字符的符号。根据截断的字符数目,截词检索可分为无限截词检索与有限截词检索两种。无限截词检索,常在检索词后加上截词符号"＊",代表 0～n 个字符,表示词尾允许变化的字符数不受任何限制,常用于同类词检索。例如,通过检索式"comput＊"可检索出包含 computer、computing、computers、computerization 等词的记录。有限截词检索,检索词词干后可加一个或一个以上的有限截词符号"?",其数目表示在词干后最多允许变化的字符个数,主要用于词的单复数、动词的词尾变化等。例如,"book?"可检索出包含 book 和 books 的记录,"work??"可检索出包含 work、works 和 worker 的记录。

利用截词符号包含截断词片段的文献信息,检索式可以进行非精确匹配的检索,不但可以检索到同义词、近义词、同级词、上/下位词,还可以避免因西文文献中名词的单复数形式不一致、英美拼法不一致、词语加上后缀派生出意义相近词等造成的漏检,具有较高的查全率。包含截词算符的检索式构建相对简单,用户使用方便,大部分检索系统都提供截词检索功能。

3. 位置算符

文献记录中词语的相对次序或位置不同,所表达的意思也可能不同;同样,一个检索表达式中词语的相对次序不同,其表达的检索意图也不一样。利用特定位置算符可以表达检索词之间的顺序,从而限定检索词的相对位置和间距。位置检索不依赖于主题词表,允许用户使用自然语言作为检索词,检索深度可以根据检索需求灵活调整。位置算符多在外文数据库中,且在全文检索中应用较多。常用的位置算符如表3-4所示。

表3-4 常用位置算符及检索示例

算符类型	功能	常用算符	检索示例	
			检索表达式	检索结果
邻近位置算符（检索词次序固定）	两词相邻,不允许间隔	W, WITH, PRE	education (W) school education WITH school education PRE school	education school education schools
	两词相近,允许间隔（0~n个）	nW, Wn, W/n, PRE/n	education (1W) school education (W/1) school education PRE/1 school	education school education schools education of school education secondary school
邻近位置算符（检索词次序不固定）	两词相邻,不允许间隔	N, NEAR, ADJ	education (N) school	education school education schools school education
	两词相近,允许间隔（0~n个）	Nn, NEAR/n	education (N1) school education (NEAR/1) school education (WITHIN 1) school	education school education schools education secondary school school on education
同段/句/字段位置算符（检索词次序不固定）	两词在同一个段落	SAME	education SAME school	例如两个词同时出现在文摘或全文的某一段中
	两词在同一个字段	F	education (F) school	例如两个词同时出现在题名或者文摘字段中
	两词在同一自然句	S	education (S) school	例如两个词同时出现在文摘或全文的某一句中

需要说明的是,不同检索系统支持的位置限制检索不同,相同的算符在不同的系统中也可能含义不同。例如"W"算符,在有些系统中也允许两个词顺序颠倒。此外,大部分系统都会自动忽略两词之间的空格、标点符号、连接号等,有些系统还会自动忽略非实词。一般而言,检索系统的"帮助"文件中都会有相关说明,只要注意查看即可。

3.4 检索策略

3.4.1 选取检索词

检索词是能概括要检索内容的相关词汇。由于检索词是表达信息需求和检索课题内容的基本单元,也是与系统中有关数据库进行匹配运算的基本单元,检索词选择恰当与否,直接影响检索效果。从给定的课题名称出发,经过切分、删除、补充等步骤,可以初步确定检索词,最终通过组配,构成能全面、明确表达信息需求的检索式。

(1) 切分。对课题名称进行切分,以自由词为单位划分句子或词组。如"国内体医融合协同治理的研究与进展",可以切分为"国内|体医融合|协同治理|的|研究|与|进展"。注意:如果词语切分后将失去原来的意思,则不能进行切分,如"体医融合"不能切分为"体|医|融合"。

(2) 删除。删除不具有检索意义的虚词、其他非关键词及过于宽泛和过于具体的限定词,只保留明确反映课题实质的核心词。不具备检索意义的词如介词、连词、助词等虚词如果应用在检索式中,会形成检索噪声,必须删除;过于宽泛的词,如研究、探索、利用、影响、作用、发展等,没有触及问题的实质,而过于具体的词会造成挂一漏万,删除后会获得更高的查全率。如上例中"的""与"是不具检索意义的虚词,首先删除。"研究""发展"过于宽泛,因此也在删除之列。

(3) 补充。补充还原词组、同义词和近义词。很多时候,还要考虑上下位概念的扩展检索。许多名词是由词组缩略而成,可以采用与之相反的操作——补充还原,如"体医融合"可以还原为"体育与医疗融合"。最常用的补充检索词的方法是补充同义词和近义词。如"国内"可以补充"我国"或"中国"等,"协同治理"可以补充"多元协同"等。

可见,检索词的选择过程必须掌握几个基本原则:①提取课题中必须满足的显性概念,并尽量将之拆分成最小单元;②显性概念必须是有实质性意义的词语;③深入分析课题,挖掘问题中的潜在概念;④利用搜索引擎、主题词表、数据库功能等辅助工具查找同义词、上位词、下位词、相关词。以"运动干预糖尿病研究"为例(图3-5),通过检索词选取流程,确定检索词后即为各词之间的逻辑关系和检索式的设计打下基础。

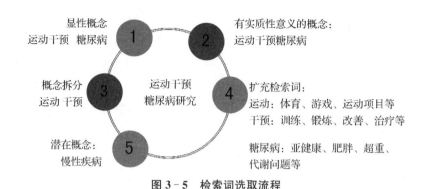

图 3-5 检索词选取流程

3.4.2 检索表达式

检索表达式是检索策略的具体体现之一,简称检索式。检索式一般由检索词和各种逻辑运算符组成。具体来说,它是用检索系统规定的各种算符将检索词之间的逻辑关系、位置关系等连接起来,构成计算机可以识别和执行的检索命令式。检索式构造的优劣关系到检索策略的成败。构建检索式是将已经确定的检索词用计算机系统能识别的布尔逻辑运算符、位置运算符、截词符等,按照检索需要进行准确、合理组配,构建出检索式,进行检索。

构建检索式时,需要明确 3 点。第一,检索式要能全面且准确地反映信息需求的内容。第二,要结合具体数据库的索引体系、用词和匹配规则。因为不同的数据库,可供检索的字段不一定相同,利用不同的检索字段检索得到的结果也不尽相同,所以只有准确表达信息需求的检索式,才能从数据库中检索出符合需要的结果,才能把需要的信息尽可能全地检索出来。第三,要熟悉检索运算符的运用,前面章节已有介绍,主要包括逻辑算符(AND、OR、NOT)、截词算符(*、?)、字段限制检索(具体包括对学科范围、文献类型、年代、是否获取全文等限制;英文数据库一般还包括对是否有同行评审等的限定),关于检索结果的各种限定条件,不同的数据库有不同的内容。

在实际操作中,构建检索式一般可遵循以下方式:

(1) 对于同类或并列概念的词,采用"逻辑或"(OR/+)组配,要尽量选全同义词、近义词、上下位词等进行组合。如检索课题"国内体医融合协同治理",为防止漏检,其中"国内"在检索式中可写成"国内 OR 我国 OR 中国";"协同治理"

可考虑其下位词,检索式可写成"协同治理 OR 多元治理 OR 社会治理 OR 共同治理"。

(2) 对于有交叉关系的概念,用"逻辑与"(AND/*)组配,需注意要去掉与课题无关的概念组配,可避免因限制过严而漏检。

(3) 运用截词算符、字段限制检索等,可提高检索效率,使检索结果更符合自己的需要。

(4) 使用多种检索运算符的组配。以"中国知网"为例,高级检索支持使用运算符 *、+、-、˝、""、()进行同一检索项内多个检索词的组合运算,检索框内输入的内容不得超过120个字符。输入运算符*(与)、+(或)、-(非)时,前后要空一个字节,优先级需用英文半角括号确定。若检索词本身含空格或*、+、-、()、/、%、=等特殊符号,进行多词组合运算时,为避免歧义,须将检索词用英文半角单引号或英文半角双引号引起来。例如:

①篇名检索项后输入:"体医融合" * "协同治理",可以检索到篇名包含"体医融合"及"协同治理"的文献。

②主题检索项后输入:"协同治理 + 多元治理 * 体医融合",可以检索到主题为"协同治理"或"多元治理",且有关"体医融合"的文献。

③如果需检索篇名包含"体医融合"和"协同治理"的文献,且不包含"体教融合",在篇名检索项后输入"(体医融合 * 协同治理)-体教融合"。

3.4.3 结果筛选

针对检索结果,以正确的方法阅读粗选,主要采用标题、摘要的审读方式,针对研究需要,对结果进行对比鉴别、科学分析和审定,去粗存精、去伪存真,挑选出最有价值、最适用的文献(图3-6)。

1. 鉴别方式

(1) 来源鉴别。对所收集的文献应作来源国、学术机构、研究机构的对比鉴定,看是否出自著名学术机构或研究机构,是否刊登在同领域的著名核心期刊上,文献被引用频次为多少,是否公开发表。对那些故弄玄虚、东拼西凑、伪造数据和无实际价值的资料,应予以剔除。

(2) 著者鉴别。对所收集的文献著者应作必要的考证,看该著者是否是该领域具有真才实学的学者。

```
高  ·经评审的(referred)国际学术期刊(journal)
↑     ·博士学位论文
│     ·专利
│     ·国际权威机构的报告
│     ·经评审的国际会议(英文)论文(收录于论文集)
│     ·经评审的国内核心学术期刊(journal)
│     ·公认的好书(教材/研究专著等)
│     ·硕士学位论文
│     ·国际一般期刊或杂志(magazine)或书(book)或报告(report)
│     ·经评审的国内会议论文
│     ·国内一般期刊或杂志或书或报告
│     ·本科毕业论文
↓
低  ·报纸/互联网,等等
```

图 3-6 文献来源质量

（3）事实和数据性鉴别。主要是指摘要中提出的假设、论据和结论的鉴别，应审定假定的依据、论据的可信程度，结论是否是推理的必然结果，实验数据、调查数据是否真实、可靠。对于那些立论荒谬、依据虚构、逻辑混乱、错误频出的资料应予以剔除。

2. 鉴别优选的原则

鉴别优选文献资源主要侧重于以下方面：

（1）前沿性。一篇学术前沿的文献往往意味着解决了前人未曾解决的难题，因而更容易受到同行的关注和引用。

（2）创新性。某个领域开创性的研究通常是未来多年的研究重点，代表了这个领域的创新性进展，推动后人在该领域深入研究。

（3）可读性。写作的本质即是需要让编辑、审稿人以及同行认同自己的学术观点，将自己的观点像商品一样推销出去。一篇好的论文如果要吸引读者的注意，那么在写作方面必然得有独到之处，能够吸引读者的眼球，让读者更容易接受其中的观点。

（4）严谨性。文献是知识的载体，是研究者在未知领域研究的智慧结晶，代表着该领域最前沿的观点，因此其写作须严谨可靠，数据合理完整，图表清晰易懂，逻辑推理严密。

（5）相关性。现代科学的发展衍生出了种类繁多的人类知识体系，这些知识体系对应着不同的学术领域。如在不同学术领域存在有不同的期刊，同时不同期刊也有指定的收稿范围,不相关的文献哪怕兼具上述四个特征也不可能被接收。

此外,还有一些评判文献质量的通用方法,如 H 指数、被引率、影响因子等。其中影响因子是一个相对统计量,所以可公平地评价和处理各类期刊,如今其已成为国际上通用的期刊的评价指标,简单来说,就是以影响因子的数值来判断期刊的影响力。通常,期刊的影响因子越大,它的学术影响力和作用也越大,也成为普遍接受的文献质量评判方法,例如针对国际期刊的中科院分区和汤森路透公司的 JCR 分区等,以及针对国内期刊的 CSSCI 和 CSCD 等。

> **Tips:JCR 分区和中科院分区**
>
> JCR 分区又称汤森路透分区法,其将某一个学科所有期刊在上一年的影响因子按照降序进行排列,然后划分成四个比例相等(均为 25%)的区。一区为前 25%,二区为 25%~50%,三区为 50%~75%,剩下的 75%~100% 则为四区。
>
> 中科院分区是由中国科学院国家科学图书馆制定出来的分区,也是分为四个区,不过分类的标准和 JCR 略有不同,是按照期刊三年的平均影响因子进行划分,且分区比例也不再是均等的 25%。前 5% 为一区;5%~20% 是二区;20%~50% 是三区;最后的 50% 是四区。

3.4.4 效果评价

进行检索效果评价的主要方法有查准率、查全率、漏检率和误检率。

1. 查准率

衡量信息检索系统检出文献准确性的指标,即检出的相关文献量与检出的文献总量的比率,它反映每次从这个系统文献库中实际检出的全部情报中有多少是相关的,公式如下:

$$\text{查准率}(P) = \frac{\text{检出的相关文献数}}{\text{检出的文献总数}} \times 100\% = \frac{a}{a+b} \times 100\% \quad (式3-1)$$

其中,a 为检出的相关文献数,b 为检出的非相关文献数,$a+b$ 为检出的文献总数。从上式可以看出,查准率在计算时考虑了所有的检索结果。局限性主要表现在:①如果检索结果是题录式而非全文式,用户很难判断检索到的信息是否与课题密切相关,由于题录的内容简单,因此必须找到该题录的全文才能正确判断出该信息是否符合检索课题的需要;②查准率中所讲的相关信息也具有"假设"的局限性;③在计算查准率时需要判断文献是否相关,然而文献相关性本身就是个比较模糊的概念,因此在判定时可能会出现误判的情况。

2. 查全率和漏检率

查全率即查系统在进行某个检索时检出的相关文献量与系统文献库中相关文献总量的比率,它反映文献库中实有的相关文献量在多大程度上被检索出来,公式如下:

$$查全率(R) = \frac{检出的相关文献数}{检索系统中相关文献总数} \times 100\% = \frac{a}{a+c} \times 100\%$$

(式3-2)

漏检率即漏检的相关文献数量与系统中相关文献总量的比率,公式如下:

$$漏检率(O) = \frac{未检出的相关文献数}{检索系统中的相关文献总数} \times 100\%$$

$$= \frac{c}{a+c} \times 100\% = 1 - 查全率$$

(式3-3)

其中,a 为检出的相关文献数,c 为未检出的相关文献数,$a+c$ 为检索系统中相关文献总数。

由式3-2、式3-3可见,漏检率与查全率之间是互补关系。由于信息检索系统中与某课题相关的文献数量是一定的,当检出的相关文献数量多时,未检出的相关文献数量就少。因此若检索系统的查全率高,则该系统的漏检率就低,反之亦然。造成漏检的因素主要有:①不同的数据库或检索刊物在文献收录范围、文献信息标引质量和提供的检索功能上有很大差异,当使用单一的数据库或检索手段时,会造成相关文献的漏检;②检索结果直接受检索词的影响,当检索词内容范围较窄时会限定检索范围,不利于查全,会导致相关文献的漏检;③检索策略的具体表现形式是检索式,它控制着检索过程,关系到文献的查全率和查准率,而针对不同的数据库、不同的信息需求及不同的检索策略,其检索式的构造是不同的。

根据影响漏检率的因素,可以从3个方面降低漏检率:①使用多个数据库进行检索,以专业数据库为主,同时补充通用数据库;②检索词的选取要充分考虑主题词、自由词及同类词(包括全称、简称、缩写、同义词、反义词、上下位词等);③要检查修改检索式,不断调整优化检索策略。

3. 误检率

误检率即系统检出的非相关文献数量与检出的文献总量的比率。误检率是查准率的补集,降低误检率意味着提高查准率,公式如下:

$$误检率(F) = \frac{检出的非相关文献数}{检出的文献总数} \times 100\% = \frac{b}{a+b} \times 100\% = 1 - 查准率$$

(式3-4)

其中,a 为检出的相关文献数,b 为检出的非相关文献数,$a+b$ 为检出的文献总数。

误检率的影响因素有数据库、检索词和检索式3个方面:①数据库的选择会影响检索系统的误检率,例如,在综合性数据库中检索专业课题或者在专业数据库中检索非专业课题时都会造成文献的误检;②使用不恰当的检索词会导致文献的误检,当检索词是内容广泛的上位词或者非规范术语时,往往会检索出较多非相关文献,因此,在选取检索词时,必须根据具体的检索意图对检索词加以调整以尽量避免误检;③检索式设计不合理会导致文献的误检,检索式指计算机检索中用来表达信息检索需求的检索提问式,它控制着检索过程,关系到文献的查全率和查准率,因此,设计合理的检索式成为控制和提高检索质量的关键。

根据影响误检率的因素,可从数据库、检索词和检索式3个方面降低误检率:①合理选取数据库,例如,检索专业课题文献时应以专业检索系统为主,综合性检索系统为辅,重视学位论文、会议论文、成果、专利等的检索;②根据具体情况调整检索词,例如,注意删除重复概念、使用下位词提高主题词的专指度、选择专业用语检索、采用"逻辑与""逻辑非"限定检索范围等,同时要慎用短语和词组检索,注意外来词的音译变化、检索词的易错形式和自造词等;③在使用检索式时合理运用位置算符可以提高查准率,从而降低误检率。

3.4.5 调整策略

实际上,影响检索效果的因素是非常复杂的。有关实验表明,查全率与查准率呈反比关系。当查全率较高时,查准率往往偏低;查全率较低时,查准率就会偏高(图3-7),很难同时提高查全率和查准率。但是强调一方面忽视另一方面,也是不妥当的。因此,在实际应用中应当根据具体课题的要求,合理调节查全率和查准率,以保证检索效果。

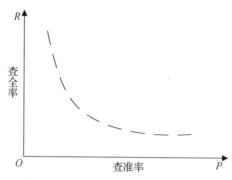

图3-7 查全率与查准率的逻辑关系

由于查准率与查全率呈反比关系,因此扩大检索范围可以提高查全率,相应地,缩小检索范围可以提高查准率。具体方法有:

(1) 删除重复概念。例如,检索"下肢肌肉耐力力量研究"课题时,下肢肌肉耐力力量必然是力量问题,因此"力量"是个可剔除的重复概念。"研究"所涉及的内容比较广泛,既然是讨论下肢肌肉力量的耐力,必然带"研究"性质,因此"研究"也可以舍去。余下的主题概念应简化为"下肢肌肉""耐力",用"下肢肌肉 AND 耐力"组配检索,不但查准率高,而且检索效果更好。

(2) 使用下位词提高上位主题词的专指度。为了提高文献检索的查准率,选择主题词时应尽量避免选择外延广泛的上位词,而应增加或换用专指性较强的主题词和下位词进行检索。例如,检索"下肢疲劳对身体机能的影响"这一课题,可使用"肌肉"代替"下肢"缩小检索范围,从而提高查准率。

(3) 选择专业用语检索。为了提高文献检索的查准率,在选择主题词时应选择规范的专业术语。例如,用"帕金森综合征"代替"老年痴呆"。对于本身具有多义性的关键词,可采用与主题密切相关的专业术语进行限制。例如,查找有关"FMS 功能性训练筛查"的文献,若使用"FMS"进行检索,会查到较多的文献,这使检索结果包含了大量不相关的文献;如果用"FMS AND 功能性训练筛查"进行组配检索,虽然命中的文献较少,但大大提高了查准率。

(4) 采用"逻辑与""逻辑非"限定检索范围。例如,检索"篮球 AND 场馆",那么检索出的文献与"体育"和"场馆"都相关。检索"篮球 NOT 场馆",那么检索出的是排除"场馆"后仅与"篮球"相关的文献。

案例操作3：中国知网的使用与利用

E1 任务要求

1. 环境部署

登录中国知网(CNKI)首页,网址为 https://www.cnki.net/。

2. 文献检索

运用一框式检索和高级检索功能,检索关于"运动干预自闭症患者"的核心期刊(北大核心、CSSCI、CSCD)论文,并导出检索结果。

E2 操作步骤

1. 一框式检索

登录中国知网的首页,在页面上方的检索框直接输入检索词,设置检索字段,点击右侧的检索图标即可,如图3-8。在这里默认的是文献检索状态,也可以将检索对象切换为知识元检索或引文检索,点击检索框下方的复选框可以设置检索的文献类型。

图3-8 CNKI首页

2. 高级检索

在知网首页,点击检索框右侧的"高级检索"按钮,即可进入"高级检索"页面。在"高级检索"页面,可以同时对多个检索词进行检索,并通过逻辑算符对检索词之间的逻辑关系进行设置,还可以通过检索框下面的选项对检索结果作一些设置,比如中英文扩展、同义词扩展,方便查全文献。

一般文献的基本检索操作流程包括检索词的选择、检索方式选择(检索式)、选择合适的数据库、检索结果的筛选、检索记录的导出、全文的下载和管理6个步骤。

(1)首先选择检索项(篇名、主题、关键词等),输入相应的检索词,并根据检索式之间的关系来选择逻辑运算符。例如,以"运动干预对自闭症患者的影响"为例,检索式为:(主题=自闭症 + 孤独症)AND(主题=运动 + 体育 + 身体活动 + 锻炼 + 训练),注意检索词和运算符之间的空格,如图3-9所示,共检索出相关结果3 996条。

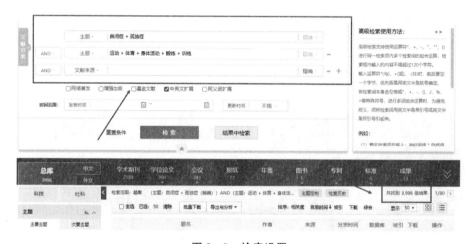

图 3-9　检索设置

(2)对检索结果进行初步阅读,不难发现,该检索式得出的结果过于宽泛,不够精确,因此可以增加限制条件,例如不检索总库,仅检索学术期刊数据库中的核心期刊(北大核心、CSSCI、CSCD),如图3-10所示,最终得到507条结果。

(3)结果显示方式默认是简单格式(文章题录列表形式),还可切换为"摘要格式",每页显示条数可设定10、20、50条,如图3-11。检索结果可按照主题、学科、发表年度、研究层次、文献类型、文献来源、作者、机构、基金等方式进行分组浏览;检索结果排序可按照相关度、发表时间、被引频次、下载频次、综合进行排序;如果对检索结果比较满意,还可以通过导出与分析栏进行计量可视化分析，在分析报告中，包括年度发文量的总体趋势分析，以及按主要主题、次要主题、学科、研究层次、文献类型、文献来源、作者、机构、基金等列出各种文献类型的文献篇数及占比。

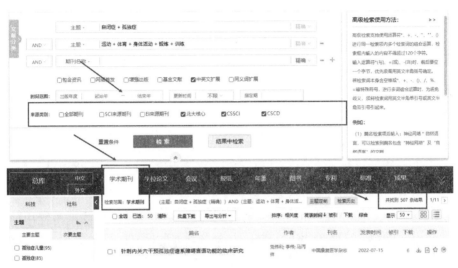

图3-10　核心期刊检索设置

图3-11　结果显示方式设置

E3 结果处理

（1）在检索结果列表中，勾选全部或部分题录，点击"导出与分析"按钮，在下拉菜单中选择"导出文献"，选择结果导出格式，再点击"导出"按钮，即可导出文献，如图3-12所示。

图3-12 导出与分析

结果导出的格式有GB/T 7714—2015格式引文、知网研学（原E-Study）、CAJ-CD格式引文、MLA格式引文、APA格式引文、查新（引文格式）、查新（自定义引文格式）、RefWorks、EndNote、NoteExpress、NoteFirst、自定义格式等，如图3-13所示。文献输出方式选项有：复制到剪贴板、打印、保存Excel文件、保存word文件，注意系统每次允许下载的题录数最多为500条，如需下载更多题录，可以进行多次操作。

图3-13 导出结果处理

（2）在检索结果显示的题录列表中，点击文献题目，可进入文献的细览界面，如图3-14，点击全文下载按钮即可下载保存全文。CNKI网站提供PDF

与 CAJ 两种全文显示格式，所需阅读器也可在 CNKI 网站下载安装。

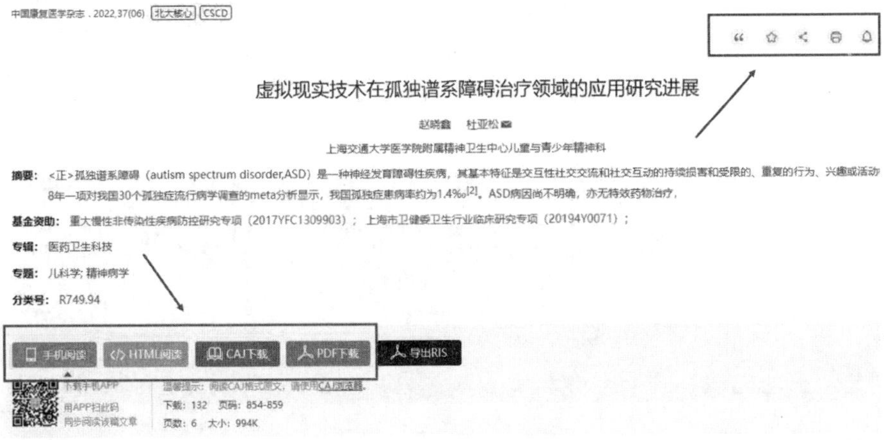

图 3‑14　单篇文献的结果处理

E4 功能总结

中国知网是为海内外读者提供中国学术文献、外文文献、学位论文等各类资源统一检索、统一导航、在线阅读和下载服务的网络平台。用户可以通过文献检索、知识元检索、引文检索等方式，快速、准确地查找所需文献；对检索结果进行计量可视化分析（总体趋势、关系网络和分布），快速了解某一主题的发展脉络、研究趋势及热点问题；采用多种方式快捷导出与引用参考文献，并与文献管理软件 EndNote 高度协作，实现文献管理；在线阅读文献全文，支持全文 PDF 和 CAJ 格式下载。整体而言，中国知网能方便地实现文献检索、可视化分析、在线阅读、文献引用、全文下载等一系列的检索与应用操作，帮助用户更好地查找文献、阅读文献。

案例操作 4：PubMed 的使用与利用

E1 任务要求

1. 环境部署

登录 PubMed 首页，网址为 https://pubmed.ncbi.nlm.nih.gov/。

2. 文献检索

掌握 PubMed 检索原理，运用基本检索和高级检索功能，检索关于"运动干预自闭症谱系患者"的期刊论文，并导出检索结果。

E2 操作步骤

1. 基本检索

进入 PubMed 主页,如图 3-15。默认为基本检索,可在检索框中直接输入有实际意义的检索词,如关键词、著者、刊名等,点击"Search"按钮,系统自动执行词义匹配检索,返回检索结果。

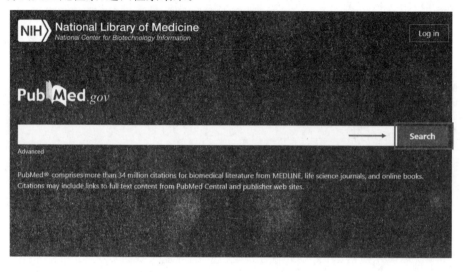

图 3-15 PubMed 主界面

2. 高级检索

(1) 在检索框左下方点击"Advanced Search"可进入高级检索界面,如图 3-16。在高级搜索条件下,可以通过添加具体条件和运用逻辑运算符更加精确地检索需要的文献。PubMed 的高级检索(Advanced Search)页面主要由 Add terms to the query box、Query box 和 History and Search Details 组成,其中 Add terms to the query box 部分可下拉式选择检索方式,实现组合检索;Query box 部分在上一部分设置检索时会自动生成检索式,也可直接书写检索式;History and Search Details 部分记录了检索历史和检索式。

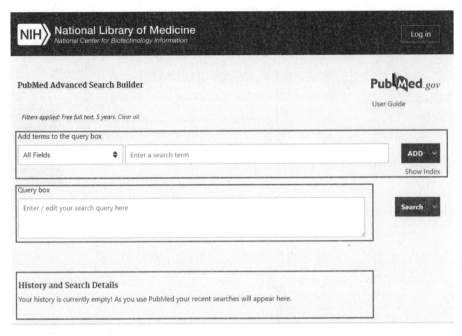

图 3-16　高级检索界面

（2）检索时，先在左侧的下拉菜单中选择检索字段（默认为 All fields），输入检索词后，点击右侧的"Show index"按钮，系统显示该检索词的相关索引词，可帮助正确选词，如图 3-17。然后，选择所需的布尔逻辑算符，点击"ADD with AND""ADD with OR"或"ADD with NOT"可编辑检索式，第一个检索词点击 ADD 即可。完成检索式的构建后，点击"Search"按钮，返回检索结果。

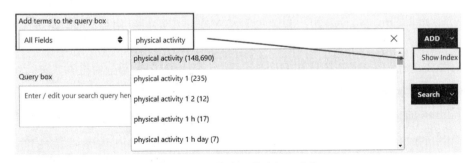

图 3-17　检索词辅助提示功能

例如，需要检索发表在 Lancet 期刊上且标题或摘要中包含"physical activity"的文献，用检索构建器的检索如图 3-18 所示，首先在左侧的下拉菜单中选择"Journal"字段,输入 Lancet,再点击"ADD"。

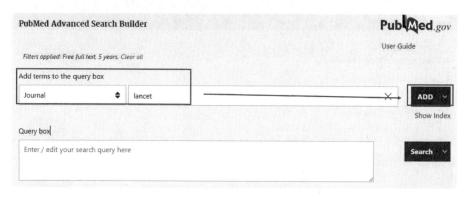

图 3-18　检索构建器初始操作

然后,如图 3-19,选择"Title/Abstract"字段,输入 physical activity,点击"ADD with AND",完成检索式构建。

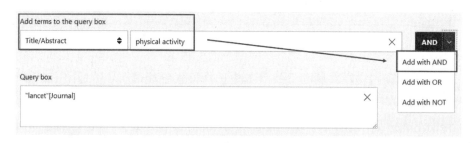

图 3-19　检索构建器布尔操作

最后,如图 3-20 所示,检索结果页面上方的检索框中显示的检索式为"("Lancet"[Journal]) AND (physical activity[Title/Abstract])",检索结果为 160 篇。

（3）新版 PubMed 还可在 History and Search Details 部分对检索式进行组配,方便对检索表达式进行调整、修正。例如在上述操作中检索标题中包含 children 的文献,即可检索 children[Title],随后点击♯4 的 Actions 部分的"Add query",将其添加到检索构建器,如图 3-21 所示。

点击♯3 的 Actions 部分的"ADD with AND",即可完成检索式的组配,如图 3-22 所示。

3 文献检索

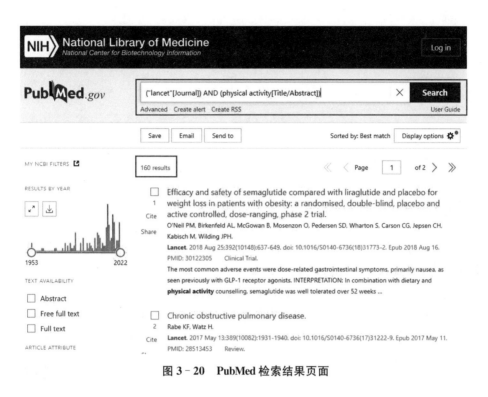

图 3-20 PubMed 检索结果页面

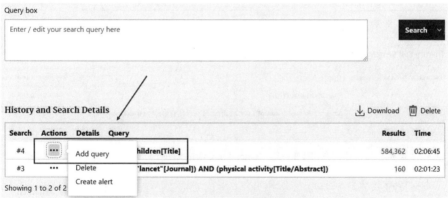

图 3-21 组配检索初始步骤

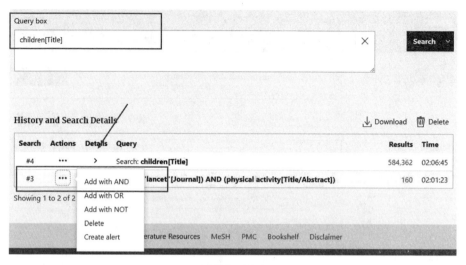

图 3-22

如图 3-23 所示,可在 Query box 中看到组配后的检索式结果。

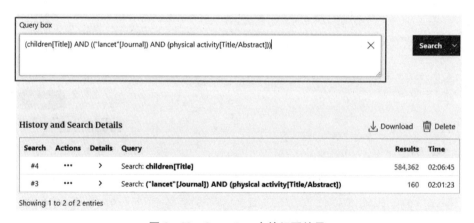

图 3-23 Query box 中的组配结果

3. 检索技术

(1) 自动词语匹配检索。自动词语匹配是 PubMed 的特色检索技术,其基本原理是:系统自动对输入的检索词进行概念分析,在多个索引词表中搜索、比对、匹配,并转换为相应的 MeSH 主题词、刊名、著者或研究者,再将检索词在所有字段[All Fields]中检索,最后执行"OR"布尔逻辑运算。如果检索词是短语词组,系统会将其拆分为单词后在所有字段中检索,单词之间的布尔逻辑关系为"AND",检索结果在页面下方的 Search Details 栏目会显示 PubMed 实际执行的检索式。

例如,输入 autism spectrum disorder,Search Details 显示的检索式为:"autism spectrum disorder"[MeSH Terms] OR ("autism"[All Fields] AND "spectrum"[All Fields] AND "disorder"[All Fields]) OR "autism spectrum disorder"[All Fields],如图 3-24 所示。PubMed 自动将 autism spectrum disorder(自闭症谱系障碍),转换为相应的 MeSH 主题词 autism spectrum disorder,同时将检索词拆分后在所有字段检索,再进行逻辑组配。因此,自动词语匹配是一种智能化的检索过程,能保证较好的查全率。

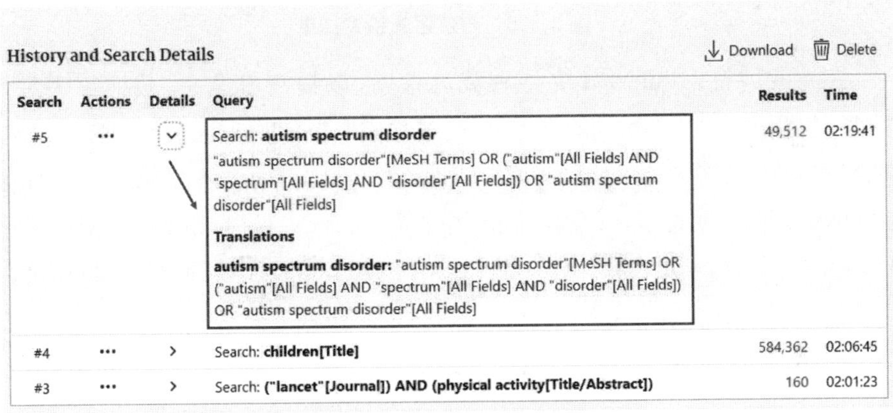

图 3-24 自动词语匹配效果

(2) 布尔逻辑检索。布尔逻辑检索也称布尔逻辑运算,运算符 AND、OR、NOT 分别表示"逻辑与""逻辑或""逻辑非",在多组关键词间加入 AND、OR、NOT,代表以交集、联集、差集的方式组合关键词。在检索时需要注意以下要点:检索运算符 AND、NOT、OR 必须大写;系统默认检索词之间的空格为 AND 检索;运算规则是按照检索式从左至右顺序运算,可以通过圆括号来改变运算顺序。

如我们需要检索"运动干预自闭症谱系障碍患者",此时可提取两个关键词"运动"和"自闭症谱系障碍",可以使用"(exercise)AND (autism spectrum disorder)"进行检索,如图 3-25 所示。

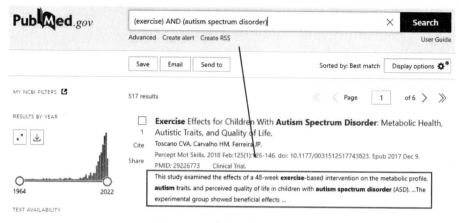

图 3-25　布尔逻辑检索结果

（3）截词符。PubMed 支持右截词检索，以提高查全率，截词符为星号"＊"。检索中，如在检索词的末尾加＊，可检索出以该词为词根的所有词，但不包括＊后有一个空格的词组，截词检索时会关闭自动词语匹配功能。例如：基于"physi＊"的标题检索，可检索出标题中含有 physical、physiological、physics 等词的文献，但无法检索出含有"physical activity"的相关文献，结果如图 3-26 所示。

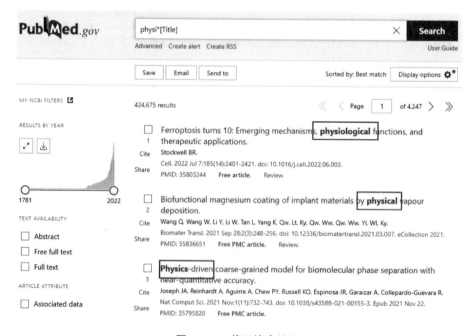

图 3-26　截词检索结果

(4) 短语检索。如果关键词包含多个词,可以使用双引号包覆词组加以限定进行检索。跟截词符不同,使用双引号进行强制检索可以应用于某个单词,也可以用于词组。如图 3-27,在对话框中输入"aerobic exercise intervention"进行检索,检索结果中会完全包含这三个单词;而不加双引号的话,会将三个单词分开检索,得到的检索结果可能并不是我们想要的。

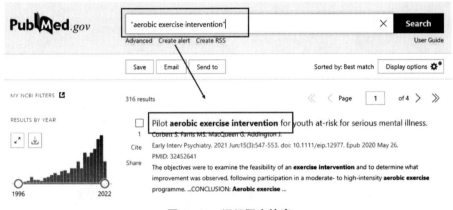

图 3-27 词组限定检索

(5) 限定字段检索。PubMed 支持限定字段检索,格式为"检索词[字段标识]",常用检索字段包括[All fields]、[Author]、[Journal]、[Title]、[Title/Abstract]等。使用更细节的检索方法可以更精准地获取文献,例如,要查询《Nature》杂志的文章,可以使用"Nature[Journal]"进行检索,这样检索出的结果均为该杂志发表的文章,如图 3-28 所示。

(6) 主题词检索。主题词检索是 PubMed 最有特色的检索方式,比基本检索更具优势。主题词检索一般包括主题词和副主题词两部分,主题词是将文献研究的主要论点概括成一个或多个规范化的语词;副主题词是对主题词的某一特定方面的限定,具有专指性。如图 3-29 所示,在 PubMed 主页面的"Explore"栏目下点击"MeSH Database"链接,即可进入 MeSH 主题词检索页面。

例如对自闭症"autism"进行检索,在检索结果界面找到自己要检索的主题词,可以结合需要进行遴选,此处点击第二条结果自闭症谱系障碍"Autism Spectrum Disorder"链接,如图 3-30 所示。

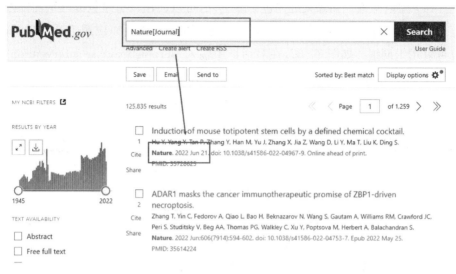

图 3-28　限定字段检索

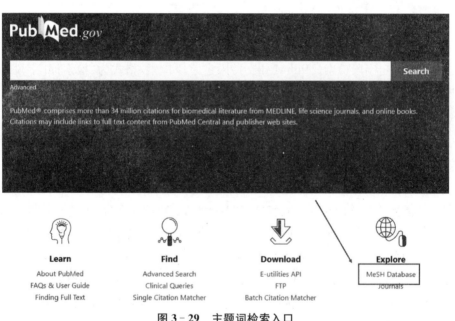

图 3-29　主题词检索入口

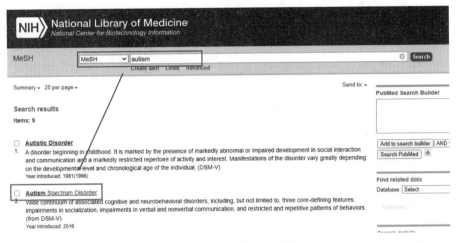

图 3-30 Mesh 概念检索结果

进入下一级词表界面,可以查看副主题词和主题词的其他信息。副主题词可以添加多个,也可以不添加,这里我们勾选"diagnosis"(诊断)和"therapy"(治疗),然后在页面右侧的"PubMed Search Builder"工具块点击"Add to search builder"按钮,生成检索式,之后点击"Search PubMed"进行检索即可,如图 3-31 所示。如果还需要加入其他检索条件,可以利用历史检索模块,进行逻辑组配再检索。

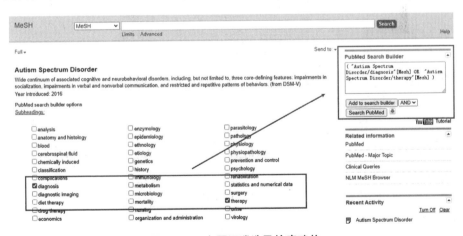

图 3-31 主题词遴选及检索建构

主题词检索的优点很明显,主题词对同一概念的不同表达方式进行了规范,而且可以通过组配副主题词及限定主要主题词使检索结果更加专指、准确。同时利用主题词的树状结构表,可以很方便地扩大或缩小检索范围,如图 3-32 所示。

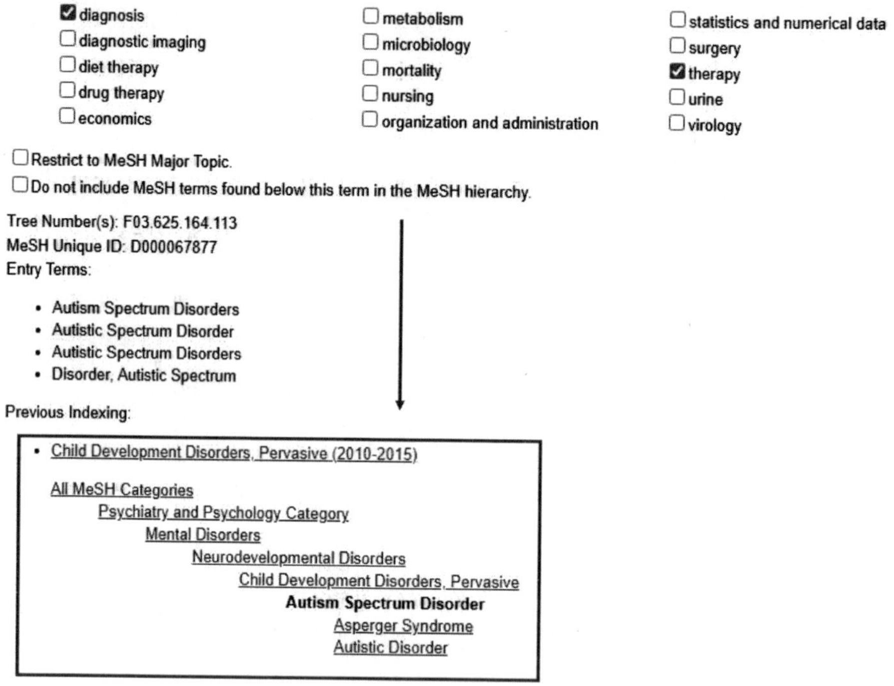

```
☑ diagnosis              ☐ metabolism                        ☐ statistics and numerical data
☐ diagnostic imaging     ☐ microbiology                      ☐ surgery
☐ diet therapy           ☐ mortality                         ☑ therapy
☐ drug therapy           ☐ nursing                           ☐ urine
☐ economics              ☐ organization and administration   ☐ virology

☐ Restrict to MeSH Major Topic.
☐ Do not include MeSH terms found below this term in the MeSH hierarchy.

Tree Number(s): F03.625.164.113
MeSH Unique ID: D000067877
Entry Terms:
  • Autism Spectrum Disorders
  • Autistic Spectrum Disorder
  • Autistic Spectrum Disorders
  • Disorder, Autistic Spectrum

Previous Indexing:
  • Child Development Disorders, Pervasive (2010-2015)

All MeSH Categories
   Psychiatry and Psychology Category
      Mental Disorders
         Neurodevelopmental Disorders
            Child Development Disorders, Pervasive
               Autism Spectrum Disorder
                  Asperger Syndrome
                  Autistic Disorder
```

图 3-32 主题词的树状结构表

E3 结果处理

(1) 在结果界面左边可以选择筛选条件来精确检索,比如说精炼文献类型、出版年份等。右上方的"Display options"按钮可以更改文献展现类型(题录、摘要等)、排序方式(出版时间、被引量等)、每页文献量(10、20、50 等),如图 3-33 所示。

(2) 点击页面上方的"Save"按钮,可将选中的文献记录信息以文件形式保存,如图 3-34。可选择"All results on this page""All results""Selection"三种方式,格式可以选"Summary(text)""PubMed""PMID""Abstract(text)""CSV"等,点击"Create file"即可保存。

3 文献检索

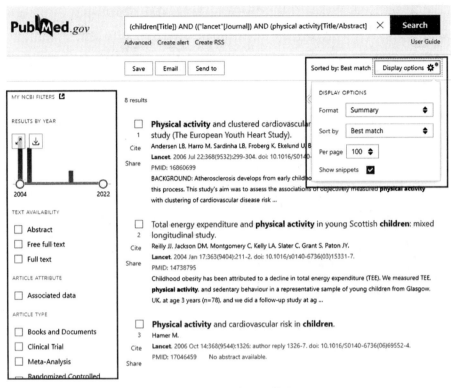

图 3-33 检索结果筛选

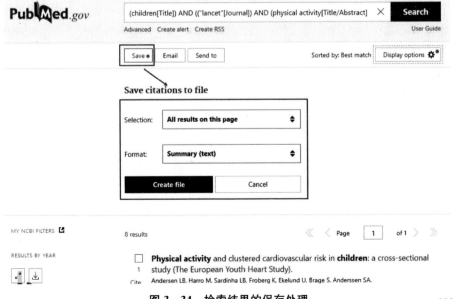

图 3-34 检索结果的保存处理

093

如图 3-35，点击页面上方的"Send to"按钮，在下拉菜单中选中"Citation manager"可将选中的记录直接导入 Endnote、NoteExpress 等文献管理软件，可选择"All results on this page""All results""Selection"三种方式，点击"Create file"即可导出。

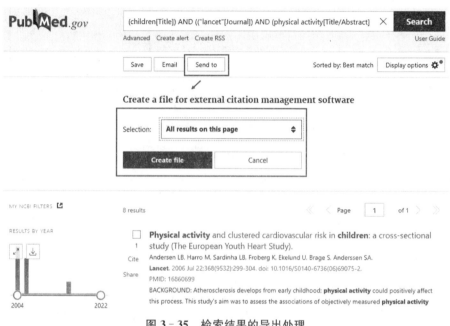

图 3-35　检索结果的导出处理

E4　功能总结

PubMed 是生物医学研究领域应用最广泛也是最重要的数据库，与体育学科密切相关，由美国国立卫生研究院（National Institutes of Health，简称 NIH）开发、维护。

首先，PubMed 属于文摘型数据库，与 Elsevier、SpringerLink、EBSCO 等全文数据库相比，PubMed 拥有更为强大的检索能力，能给文献检索新手带来更高的查全率与查准率。例如，在基本检索中，PubMed 通过自动词语匹配检索技术，对输入的检索词进行概念分析，将其转换为更为精准的主题词，并执行布尔逻辑运算，可保证较好的查全率；在高级检索中，应用检索构建器可以很方便地实现多个字段的组合检索，结合检索历史的操作，可完成复杂的布尔逻辑运算，可保证较好的查准率。

其次,PubMed 还拥有强大的搜索匹配能力。例如,通过更改 Display 选项,可实现按关键词的匹配度、PubMed 收录时间、杂志刊发时间等不同要素对文献进行排序,并可运用追溯法,利用一经典文献的参考文献、施引文献获取该领域的相关文献。

此外,PubMed 可通过安装 Scholar－scope 和 Sci－hub 等插件,实现可视化显示文献的影响因子、中科院分区和引用次数等信息,以及直接连接 Sci－hub 下载全文等功能,方便使用者阅读、筛选、下载文献。

小结

一般而言,日常文献检索大多是借助检索工具或检索系统,运用正确的检索方法,从各种类型的文献中查找所需文献信息的过程。要想准确把握工作方向、及时研判领域趋向、精准获得相关文献,掌握文献检索方法是重要的一环,只有选择了科学有效的检索方法,才可以快、精、准地获取大量所需要的文献信息,提高检索效率。本章通过对文献要素特征、文献检索原理、检索语言、检索策略等相关知识的阐释,介绍了文献的类型和功能、文献检索基本过程和方法、检索语言及与策略的关联等,明确文献检索的科学性与规范性,强调检索策略的实施与调整,并借助案例讲解,帮助理解中国知网、PubMed 等体育相关文献检索数据库的实际应用,为专业知识学习奠定基础。

练习

思考题

1. 请解释信息、知识、情报、文献的区别,并简述四者之间的关系。
2. 请描述杂志、专业期刊、学术期刊的特点,并简述三者之间的区别。
3. 文献检索基本过程包括哪几个步骤?关键点在何处?
4. 常见的检索途径有哪些类型?
5. 常见的检索运算符有哪些类型?
6. 请简述检索词构建的原则和步骤。
7. 常见检索结果的效果评价指标有哪些?

实操题

针对"新时代中国体医融合治理模式和体系研究"这一选题,完成下列要求。

1. 请构建相应检索词并设计检索式。
2. 使用中国知网检索相应中文高质量期刊论文。
3. 使用 PubMed 检索相关外文研究。

4 常用软件

学习目标

1. 能力目标:了解信息与文献检索相关常用软件,选择合适软件并熟练操作。

2. 行为目标:勇于尝试和探索不同软件的使用,学会科学合理地选择适用的软件。

3. 思政目标:知道国产软件技术的进步与发展,感知创新精神、工匠精神等。

导言

工欲善其事,必先利其器。对于起步阶段的新手,不管是查找文献、管理资料还是整理思路等都困难重重,而操作简单、专业性强、能够节省效率的软件可以让信息与文献检索相关工作事半功倍。随着信息技术的普及,当前可供选择的相关软件很多,然而对于漫长的学术和专业学习生涯而言,没有最好的选择,只有适合自己的选择,只要多加尝试和体验,必然能选出合适的软件。

4.1 基本办公软件

办公软件是高校学生学习生活以及文献检索利用中必不可少的基本软件。目前主流办公软件主要有微软 Office 和 WPS Office(图 4-1),它们在场景布局方

图 4-1 WPS Office 与微软 Office 的 LOGO

面各有侧重，微软以 PC 端为主，金山办公（WPS）发力移动端。在文献检索利用上，微软 Office 常用的三个组件分别是 Word、Excel 和 PowerPoint，WPS Office 对应的三个组件分别是文字、表格和演示。

文字处理作为办公文档制作的常用工具，对于数据输入、内容编辑和多种格式的排版要求很高。Office Word 和 WPS 文字均提供了常用的内容插入、编辑、格式修改等功能，图文绕排、分栏、竖排、文档网格器等高级功能也都具备，能够满足科研工作中的文字处理需求。同时它们均提供阅读视图、Web 视图以及写作视图，并且在工具应用方面多出了翻译和朗读功能，使用户在审阅文档时能够获得更加全面的体验。除了常用的编排功能外，WPS 文字还提供了 PDF 转 Word、图片转文字、论文查重以及截图取字等特色功能，在某些时候能够起到很好的辅助作用。

表格处理是数据处理、数据分析、图表制作的常用工具。Office Excel 和 WPS 表格近似，常用功能一应俱全，同时还提供了多种数据处理工具，并且有着相当丰富的图表工具，对于数据展示和分析有着很大的帮助。除了以上提到的常用功能外，WPS 表格还额外提供了 PDF 转 Excel、图片转文字、工资条群发以及截图取字等特色功能，能够在一定程度上起到辅助作用。

演示文稿是日常工作汇报、内容介绍、会议演讲中的常用工具。Office PowerPoint 和 WPS 演示在 PPT 制作方面均表现良好，常用功能一应俱全，完全能够满足大多数情况下的使用需求。在动画制作方面，WPS 演示多出了自定义动画和智能动画两个选项，即便是初学者也能非常方便地制作出高水准的动画，不仅降低了动画的制作门槛，也在一定程度上提高了演示文稿的观赏度。在特色功能方面，WPS 演示依然提供了 PDF 转 PPT、图片转文字这类实用功能，并且能够一键将演示文稿转换为 H5 页面，方便移动设备浏览。此外，WPS 演示还提供了屏幕涂鸦和弹幕功能，进一步提升演示文稿的互动性。

此外，WPS Office 在云同步方面的功能比较完善，在编辑界面的顶部提供了云同步和协作功能的快捷键，当文档出现改动时会自动进行检测和同步。在其首页的文档选项中可以很方便地查阅本地文档和云端文档，并且可以一键将在线文档转换为多人协作文档，非常方便。

> **Tips:选 WPS Office 还是微软 Office?**
>
> 　　如果不涉及公式等内容,仅以文字为主,WPS Office 就够用了,并且 WPS Office 安装包小巧,大多数功能为免费提供。如果涉及图表、公式、流程图等,建议使用微软 Office、Word 等在不同电脑上的使用中基本不会出现排版问题,而 WPS 偶尔会出现排版异常。

4.2 文献阅读软件

　　PDF 格式因为其与生俱来的跨平台和安全特性,现在已经成为办公、学习的必备格式,无论是在阅读、传输、打印还是文档保护方面都优于其他文档格式,因此文献大多以 PDF 格式存储,而 PDF 阅读软件是文献检索利用必备的工具软件之一。常用的文献阅读软件包括 Acrobat Reader、福昕 PDF 等(表 4-1)。

表 4-1　常用文献阅读软件功能对比

内容	Acrobat Reader	福昕 PDF	WPS	Edge
品牌	Adobe 旗下产品,PDF 标准制定者	国产品牌软件,世界占有率第二	金山旗下 WPS Office 产品之一	浏览器插件
安装包	约 1GB	约 900MB	约 200MB	集成在浏览器中
平台支持	Windows、MacOS、IOS、Android、WEB	Windows、MacOS、Linux、IOS、Android、WEB	Windows、MacOS、Linux、IOS、Android、WEB	WEB
主要功能	功能丰富,专业性强	功能丰富,专业性强	功能丰富,专业性一般	功能简单,重在阅读
费用	阅读免费,编辑收费	阅读免费,编辑收费	阅读免费,编辑收费	免费
主要优点	功能多,专业性强,多平台支持	功能多,专业性强,全平台支持	功能多而杂,全平台支持,云同步	免费,跨平台,不需要单独安装
主要缺点	价格贵,体积大,用户体验评价不一	体积大,编辑等高级功能需要付费	专业性一般,不能查找批注等	功能少

　　提到 PDF 文献阅读软件,必须提到 Adobe Acrobat Reader,因为 PDF 标准就是 Adobe 公司制定的,而且该标准还在不断更新中。毋庸置疑,Acrobat

Reader 的功能是最专业最前沿的，当然因为受限于其美国出身和半垄断地位，价格也是相对昂贵的，不适合大众用户。同时相对于国际版，中国版本存在一些功能阉割，特别是涉及云服务的功能。在平台支持上，Acrobat Reader 除了 Linux 都有覆盖，同时提供了一致性的用户体验。

福昕自 2001 年创立之初，就一直专注 PDF 研发，拥有完全的自主产权，全球拥有直接用户达 6.5 亿人，众多国际 500 强企业选择福昕，其 PDF 解决方案全球排名第二，是国人的骄傲。无论在功能、性能、稳定性上福昕 PDF 都和 Acrobat Reader 近似，甚至用户体验更优于 Acrobat Reader。在平台支持上，福昕 PDF 在全部平台都有覆盖，同时各平台的用户体验基本一致，对多平台工作的用户十分友好。在交互设计上，福昕 PDF 采用了和 Office 一样经典的设计，用户非常容易上手。

WPS 最早专注于与微软 Office 竞争的 Word、Excel、PPT 格式处理，在 PDF 的处理上 WPS 优势并不明显。在 PDF 的使用上更是专注于内容推广，在功能广度上增加了一些特色功能，可以说是多而杂，但基本都是应用层的处理，涉及核心技术的优化并不多。在平台支持上，WPS 和福昕一样都是全平台覆盖，优势明显。在交互设计上，因为 WPS 同时涵盖 Office 格式和 PDF 格式的支持，整个软件涵盖的信息显得非常多而且杂，不容易专注于 PDF 的处理，但阅读界面使用的仍是经典的 Ribbon 设计，非常容易上手。

近年来随着浏览器功能的不断完善，PDF 阅读功能也以插件的形式融入浏览器本身，实现了 PDF 的在线阅读，比如常用的 Chrome、Edge 都是自带 PDF 阅读和简单标注功能的。

专业的文献阅读软件一般包括阅读器和编辑器两大模块，其中阅读器一般是免费的，专注于阅读并带有一些简单的标注打印等功能，能满足大部分个人用户需求。如果一家公司同时拥有阅读器和编辑器，那么阅读器则是编辑器的阉割版，在具体功能使用上并没有差别。而编辑器顾名思义，具有更高级的编辑功能，同时也是收费的，不仅有编辑，还有转换、拆分合并、识别、保护等功能，主要针对企业和有高级需求的用户。在文献阅读与利用中，文献阅读软件的模块功能，可依据个人的实际需要进行选择。

4.3 外文翻译软件

文献阅读尤其是外文文献阅读对于体育专业学生而言相对比较困难，因此限制了他们对国际前沿趋势的了解与掌握。一方面，论文的专业术语晦涩难懂，往往会涉及专业学科领域的术语、专有名词、生僻词等，很多词汇在传统的纸质词典里可能都查不到相关的释义，即使是很多常见的词，在科学论文里也往往会用到其他较为罕见的含义，要想了解其含义往往要花上一番工夫。另一方面，科学论文的许多句子结构错综复杂，对于刚刚开始科研工作的学生来说的确相对比较困难。不过，随着技术的发展，出现了很多全新的机器翻译工具，新一代的许多翻译软件已经可以达到相当高的准确度。相信这些工具可以很好地帮助使用者快速地了解一篇论文的大意，并节省大量人工翻译的时间。

选取 Shirl J. Hoffman 的 *Introduction to Kinesiology* 一书中开篇的一段话，分别用百度翻译、谷歌翻译、有道翻译、DEEPL 进行翻译并作比较。

原文：

Ways of Developing an Understanding of Kinesiology

With the growing recognition of the importance of physical activity in our daily lives has come the realization that it deserves to be studied just as seriously and systematically as other disciplines in higher education such as biology, psychology, and sociology. No doubt you've heard the word discipline, but you may not really understand what it means. A discipline is a body of knowledge organized around a theme or focus. Disciplines embody knowledge that learned people consider worthy of study. The focus of a discipline identifies what those who work in the discipline study. The central focus of biology, for example, is life forms; the focus of psychology is the mind and mental and emotional processes; and the focus of anthropology is cultures. Although debates are still being waged about the focus of kinesiology, it is now generally regarded as the discipline that focuses on physical activity.

百度翻译：

发展对运动学理解的途径

随着人们越来越认识到体育活动在我们日常生活中的重要性，人们认识到体育活动值得像生物学、心理学和社会学等高等教育学科一样认真和系统地研究。毫无疑问，你听过"纪律"这个词，但你可能并不真正理解它的含义。学科是围绕主题或焦点组织的知识体系。学科体现了有学问的人认为值得学习的知识。学科的重点确定了从事学科研究的人员。例如，生物学的中心焦点是生命形式；心理学的重点是心理以及心理和情感过程；人类学的研究重点是文化。虽然关于运动机能学的重点仍在争论中，但它现在被普遍认为是一门专注于身体活动的学科。

谷歌翻译：

发展运动机能学理解的方法

随着人们越来越认识到体育活动在我们日常生活中的重要性，人们意识到它值得像生物学、心理学和社会学等高等教育中的其他学科一样认真和系统地进行研究。毫无疑问，您听说过纪律这个词，但您可能并不真正理解它的含义。学科是围绕主题或焦点组织的知识体系。学科体现了有学问的人认为值得学习的知识。学科的重点确定了在该学科工作的人所研究的内容。例如，生物学的中心焦点是生命形式。心理学的重点是思想以及心理和情感过程；人类学的重点是文化。尽管关于运动机能学的重点仍在争论中，但它现在通常被认为是专注于身体活动的学科。

有道翻译：

发展对运动学的理解的方法

随着人们越来越认识到体育活动在我们日常生活中的重要性，人们开始意识到体育活动应该像生物学、心理学和社会学等高等教育中的其他学科一样受到认真和系统的研究。毫无疑问，你听过纪律这个词，但你可能并不真正理解它的意思。学科是围绕一个主题或焦点组织起来的知识体系。学科体现了有学问的人认为值得研究的知识。一个学科的焦点确定了在该学科中工作的人研究什么。例如，生物学的中心焦点是生命形式;心理学的重点是心理以及心理和情感过程;人类学的焦点是文化。虽然关于运动机能学的重点仍在争论中,但它现在普遍被认为是一门专注于身体活动的学科。

DEEPL:

培养对运动学理解的方法

随着人们越来越认识到体育活动在我们日常生活中的重要性,人们认识到它应该像高等教育中的其他学科如生物学、心理学和社会学一样被认真和系统地研究。毫无疑问,你听说过学科这个词,但你可能没有真正理解它的含义。一门学科是围绕一个主题或重点组织的知识体系。学科体现的是有学问的人认为值得研究的知识。一门学科的重点确定了从事该学科工作的人所研究的内容。例如,生物学的核心重点是生命形式;心理学的重点是心灵和精神及情感过程;人类学的重点是文化。尽管对运动学的重点仍有争论,但现在人们普遍认为运动学是以身体活动为重点的学科。

对上述四个英译中的结果进行对比(表 4-2)发现:首先,对比符号翻译的准确性,可以看到有道翻译结果为英文符号没有转化成中文符号,谷歌翻译在排比句上有个分号没有处理好,而对于"the word discipline"只有百度翻译给这个单词加了双引号,符合国人习惯,因此这项上百度翻译最好;其次,对比翻译内容的准确性,只有 DEEPL 把"the word discipline"中的 discipline 翻译成了学科;最后,对比翻译结果的可读性上,百度翻译和 DEEPL 翻译要优于有道翻译和谷歌翻译。综合英译中这一文献阅读需求进行排序,百度翻译最优,DEEPL 翻译次之,有道翻译再次,最后为谷歌翻译。

表 4-2 常用翻译软件比较

项目	百度翻译	谷歌翻译	有道翻译	DEEPL
网址	https://fanyi.baidu.com	https://translator.google.cn	https://fanyi.youdao.com	https://www.deepl.com/translator
优点	功能丰富,完全免费,支持语种达到 200 种,包括大量小语种	完全免费,界面简易,支持语种达到 133 种,包括大量小语种	符合中国人表达习惯,看论文方便,可自定义术语库	支持 26 种语言翻译;翻译准确专业

续表

项目	百度翻译	谷歌翻译	有道翻译	DEEPL
缺点	设置较复杂	不太符合中国人语言习惯,可读性一般	目前仅支持中英翻译,APP 功能略显冗杂	免费版限制太多,翻译字符 & 文件大小受限

4.4 文献管理软件

文献管理软件是学者或者作者用于记录、组织、调阅引用文献的计算机程序。一旦引用文献被记录,就可以重复多次地生成文献引用目录,例如,在书籍、文章或者论文当中的参考文献目录。科技文献的快速增长促进了文献管理软件的发展,但当文献越来越多,如何管理文献就成了一个头疼的问题。目前主流的文献管理软件有 Citavi、EndNote、Mendeley、Zotero 等(表 4-3)。

表 4-3 常用文献管理软件功能对比

	软件功能	Citavi	EndNote	Mendeley	Zotero
	是否免费	收费	250 美元	免费	免费
	免费云存储	无限云	1 GB	2 GB	300 MB
	引文样式	8 000+	6 506	6 187	9 100+
参考文献管理	组织整理 PDF 文档以及其他文档	√	√	√	√
	Word 引文插件	√	√	√	√
	能否显示 PDF 文档显示书签	√	×	×	×
	是否支持 PDF 文件内搜索	√	×	×	×
	注释/高亮标注 PDF 文件	√	√	√	√
	知识组织管理:创建大纲	√	×	×	×
	任务规划、行程安排	√	×	×	×
	跨平台同步跨桌面、Web 和移动设备	×	×	√	√
	超强大的笔记功能	√	√	√	√
文献搜索	全文搜索	√	√	√	√
	搜索跨外部数据库	√	√	√	×
	是否支持 ISBN、DOI、PMID 搜索	√	×	×	×

续表

	软件功能	Citavi	EndNote	Mendeley	Zotero
支持运行平台	Windows 系统	√	√	√	√
	与所有现代网络浏览器兼容	√	√	√	×
	与 Mac/Win/Linux 兼容	×	×	√	√
	iOS 版	×	×	免费	×
	Android 版	×	免费	免费	×
参考文献格式	HTML	√	√	×	×
	LaTeX	√	×	√	√
	RTF	√	√	√	×
	Plain text	√	√	√	√
	RSS	×	×	×	×
导入文献格式	BibTeX	√	×	√	√
	Copac	√	×	×	×
	CSA	√	×	×	×
	Endnote/Refer/BibIX	√	√	×	√
	ISI	√	√	×	√
	Medline	√	√	×	√
	MODS XML	√	×	×	√
	Ovid	√	√	×	√
	PubMed	√	√	×	√
	RIS	√	√	√	√
	SciFinder	√	√	×	×

文献管理软件的便利之处在于：可以直接联网到不同的数据库进行检索，免去登录不同数据库的劳累之苦，提高效率；可以非常方便地管理文献信息，包括文摘、全文、笔记以及其他的附件材料等等；具备检索功能，便于查找到需要的文献；多数软件还具备一定的分析功能；可以进行文末参考文献格式的编辑，以及文内的引文自动标注和管理。

1. Citavi(https://www.citavi.com/en)

Citavi 来自瑞士 Swiss Academic Software 公司(图 4-2),其定位是知识管理软件,在欧洲被广泛使用。它不仅仅是一款文献管理软件,还整合了知识管理、任务计划、PDF 原文全文搜索、笔记等科研工作中亟须的功能,可以说是科研工作的瑞士军刀! 其优点在于可以搜索超过 4800 个图书馆目录和所有主要的信息提供者的数据库;添加 PDF 格式的文章作为参考,查找自己的书目信息,网上全文检索;支持创建 PDF 格式的网页截图;支持插入正确格式的引文和参考书目;阅读整理笔记方面,可以深度整合 PDF 备注功能等。

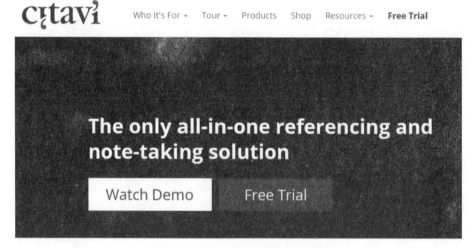

图 4-2 Citavi 官方网站首页截图

2. EndNote(https://endnote.com/product-details/)

EndNote 是一个国际著名的参考文献管理软件(图 4-3),用来创建个人参考文献库,并且可以加入文本、图像、表格和方程式等内容及链接等,能够与 Microsoft Word 无缝链接,方便地插入所引用文献并按照格式进行编排。EndNote 有着易用的界面和强大的文献搜索功能,即使某些极其复杂的引文和输出格式,也能轻松应对。其主要优点包括:占用系统资源小,功能扩展性强,能管理的数据库没有上限;提供 Word 插件,支持边写论文边插入参考文献并调整顺序或删除,编号也会及时更新,如分章节插入参考文献和新建/修改参考文献导出的格式;个人文献管理很清晰,如导入 PDF 后,EndNote 会自动获取文献信息并进行排版,更新题录,有很多杂志的模板可以参考;内嵌多种数据库,可在软件内进行文献检索;在 PDF 全文显示窗口中支持自由标记高亮字句,并可添加注释;桌面数据可同步至网络版,更新个人数据库比较方便;杂志题录样式相较于其他软件来说更齐全,存储空间无限,并可与其他人分享题录;可以直接在软件内搜索 WoS 等数据库文献记录并批量下载 PDF。但是 EndNote 也有很多不足,例如:没有免费版,分组只支持二级目录,不支持全文搜索,且无法直接拖拽 PDF 文件或文件夹到软件中;PDF 文件重命名最大支持 40 个字符,而大多时候字符都会超出,如果文件名超长在备份时就会容易出现文件丢失问题,但改成短文件名则几乎不会出现该问题;几乎没有参考文献记录解析能力;缺少跨数据库平台实时同步管理,软件运行不是非常流畅等等。

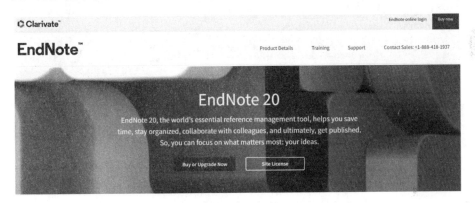

图 4-3　EndNote 官方网站首页截图

3. Mendeley(https://www.mendeley.com/? interaction_required=true)

Mendeley 是一款免费的跨平台文献管理软件(图 4-4),同时也是一个在线的学术社交网络平台,可一键抓取网页上的文献信息添加到个人图书馆中,比较适合本地操作和大量 PDF 文件管理。它的优点包括:免费,可跨数据库平台管理文献;提供 MS Word 和 Open Office 插件,方便在文字编辑器中插入和管理参考文献;支持全文搜索,可直接拖拽 PDF 文件或文件夹到软件中,只要能识别 PDF 中的 DOI,就可通过 DOI 在线获取文献的准确信息;PDF 文件重命名无字符数限制;免费 Tag 功能,批量管理,支持免费云同步,支持推荐相关参考文献;分类功能对文献物理存储的自定义相对较好,可以自动提取标题及作者等。Mendeley 需要联网登录才能使用,在线服务速度比较慢,限制了国内的使用,与此同时其缺点还有:不能自定义文献类型,给文献管理和参考文献的插入带来了很多麻烦;开启 Word 拼写检查功能并用 Mendeley 在文档中插入很多参考文献时,Word 程序会出现故障;文献检索的搜索逻辑不太人性化等。

图 4-4 Mendeley 官方网站首页截图

4. Zotero(https://www.zotero.org/)

Zotero 是一个免费且易用的文献管理工具(图 4-5),可以帮助收集、整理、引用和分享研究资讯。其优点包括:数据的组织形式采用树形目录结构,并且是无限层级,有大量的实践和论文证明,这是最适合人类大脑的知识储存方式;文档通过软链接指向本地或者网络服务器,几乎是无限制存储空间,数据库同步可以使用 Zotero 的服务器,而数据文档可以使用第三方的网络存储功能,如百度网盘、Dropbox、Google Driver、iCloud 等,甚至是 NAS;编辑文档使用外部工具,不存在编辑功能不够强大的问题;开源,在世界范围内有很多人用,插件丰富等。其缺点包括:必须使用 Firefox 浏览器;文献管理、分类方式较单一等。

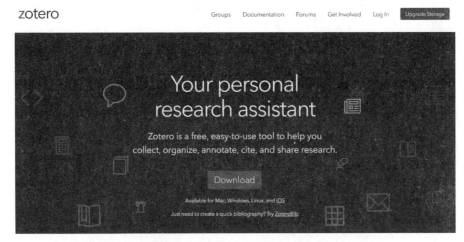

图 4-5　Zotero 官方网站首页截图

4.5　逻辑整理软件

思维导图是一种放射性思维,体现的是人类大脑的自然功能。它以图解的形式和网状的结构,用于储存、组织、优化和输出信息,它利用的就是这些自然结构的灵感,从而提高效率。如今,思维导图已被广泛运用到人们的工作、学习、生活当中,是极具革命性的思维工具。全球 6 亿人都在使用思维导图,在职场中,无论是工作汇报、商务演讲、项目管理、会议整理还是头脑风暴,思维导图都能发挥巨大的作用。

思维导图的绘制,可选择的工具也有很多,可以用纸笔自己动手画,也可以用在线的思维工具,或者专业的思维导图软件来画。如今,思维导图工具越来越多,相应的逻辑整理软件有国产的也有国外的,有免费的也有付费的,有在线的也有 PC 端使用的。比如:MindMaster、XMind、MindManager 等(表 4-4)。

表 4-4　常用思维导图软件功能比较

软件	MindMaster	XMind	MindManager
费用	免费版 & 付费版	免费版 & 付费版	付费版
支持平台	Windows、Mac、Linux、IOS、Android	Windows、Mac、Linux、IOS、Android	Windows、Mac、IOS、Android
界面风格	Office 风格	Eclipse 风格	Office 风格

续表

软件	MindMaster	XMind	MindManager
导入	XMind、MindManager、Edraw Max	MindManager、FreeMind	Microsoft Word、Excel、OPML、图像等
导出	图片、PDF、Word、PPT、Excel、HTML、SVG、PS、Mindmanager等	图片、PDF、Excel等	图片、PDF、Word、PPT、Excel、OutLook等
功能	支持插入附件、注释、标签等；提供丰富布局、样式、主题及配色方案；云端储存实现文件多端同步，并且支持通过小程序、网页链接等方式分享和协作	有丰富的结构，例如鱼骨图、树状图、时间轴和逻辑图等；演说模式，有转场动画和实用布局；有丰富的记号和图标；允许混用多种结构；智能配色	同Microsoft Office软件无缝集成；本地和网络发布共享；可编辑的提纲视图；幻灯片演示
优点	性能良好；支持导入其他思维导图软件文件；内置云端存储功能；支持多人在线协作；开放的社区功能	软件界面简洁；支持导出多种文件格式	适合项目管理；功能丰富；良好的Office兼容性；导出格式丰富
缺点	免费版限制节点数量；未付费导出的图片会带有水印	未付费导出的图片带有水印；无内置云同步功能；性能较差，在创建较多节点时表现尤为明显	文件不能合并；安装较复杂

1. MindMaster(https://www.edrawsoft.cn/mindmaster/)

MindMaster是深圳市亿图软件有限公司推出的一款跨平台思维导图软件（图4-6）。软件提供了丰富的智能布局、多样性的展示模式、结合精美的设计元素和预置的主题样式。MindMaster作为一款由国内团队自主研发的软件，拥有比较好的中文支持，操作方面也更符合国人的使用习惯。

2. XMind(https://xmind.cn/)

XMind是一款非常实用的商业思维导图软件（图4-7），应用Eclipse RCP软件架构，打造易用、高效的可视化思维软件，强调软件的可扩展、跨平台、稳定性功能。XMind采用Java语言开发，具备跨平台运行的性质，且基于Eclipse RCP体系结构，可支持插件，插件通过编写XML清单文件可以扩展系统定义好的扩展点。XMind不仅可以绘制思维导图，还能绘制鱼骨图、二维图、树形

图 4-6　MindMaster 官方网站首页截图

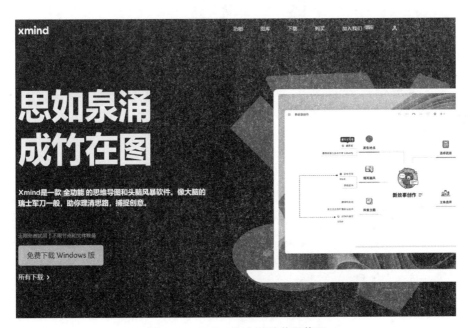

图 4-7　XMind 官方网站首页截图

图、逻辑图、组织结构图,并且可以方便地在这些展示形式之间进行转换。

XMind 自 2007 年推出以来,改变了中国人没有自己的思维导图工具的窘境。它是100％纯中文设计,中文处理非常稳定,且XMind的研发团队在国内,各类服务都比较方便。

3. MindManager(https://mindmanager.mairuan.com)

MindManager是一款创造、管理和交流思想的通用标准的绘图软件(图4-8),由美国Mindjet公司开发。该软件界面可视化,有着直观、友好的用户界面和丰富的功能,也是一个易于使用的项目管理软件,能很好地提高项目组的工作效率和小组成员之间的协作性。它作为一个组织资源和管理项目的方法,可从脑图的核心派生出各种关联的想法和信息。MindManager运用形象思维方法,使信息同时刺激大脑两个半球,其编辑界面使得用户可以通过"形象速记法"创建并相互交流各种想法和信息。它设计了一个与人的思维方式一致的自然、直接的工作环境,因此能够减少所花费的时间、精力、减轻压力,从而提高工作效率。它简明、直观、弹性伸缩的界面,合理的流水线式交流沟通方式和特别的创新灵感触发机制,最终对项目管理、质量改进甚至决策,都起到了很好的促进作用。

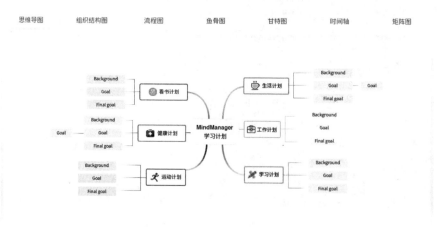

图4-8 MindManager官方网站首页截图

4.6 其他辅助软件

1. 流程图制作工具——ProcessOn(https://www.processon.com/)

在文件检索利用过程中,除了思维导图,还涉及流程图、架构图等图形的制作,之前大多会使用 Windows 系统下的 Visio,它绝对是科研工作中不可或缺的一款流程图软件,功能强大,用它制作出来的流程图会透着四个字——专业、高端,所以自然成为大部分科研专家们的首选。但是它不够轻量级,而且需要付费才能使用,所以对很多体育科研工作者而言上手比较复杂。针对这些问题,ProcessOn 作为基于 HTML5 和 JavaScript 技术开发而成,操作简单、方便的一款专业的垂直在线作图工具(图 4-9)而受到欢迎。使用 ProcessOn 不需要下载和安装,更不需要破解和激活,打开浏览器即可在线操作,所有数据实时云端存储,同时支持多人在线实时协作。更重要的是,ProcessOn 是一款免费的在线作图工具,对于体育文献检索与利用工作而言 ProcessOn 是相对较合适的选择。

图 4-9 ProcessOn 官方网站首页截图

ProcessOn 的优点包括:免费;页面简洁,功能易懂易用;集成常用的流程图、原型、UML、网络拓扑图、组织拓扑图、思维导图、BPMN 等于一体,操作便利；支持多人实时协作，可以邀请自己的同事或朋友一起参与作图，实时显示更改状态及内容的编辑；拥有版本恢复功能，能够新建历史版本，并恢复到不同的版本；拥有完整免费的下载功能，支持 PNG、PDF、POS、SVG 等下载。其不足之处在于：拥有文件数量受限，需要开通会员或者通过其他方法获取；必须联网使用，目前没有单机软件。

作为一款国产优秀的在线工具，ProcessOn 自带跨平台特性。大多数情况下我们的工作会在不同计算机之间来回切换，而它作为在线工具，也就屏蔽和避免了因为不同设备切换带来的麻烦。

2. 文字校对工具——火龙果写作（https://www.mypitaya.com/）

火龙果写作是一款 AI 驱动的文字润色和写作辅助工具（图 4-10），拥有强大的 AI 文本处理能力，功能包含智能撰写、改写润色、纠错校对、多语言翻译等。无论是在学术学习，还是在生活交流中，我们都会遇到写作带来的很多困扰，比如语法错误、语句不通、用词不当、错别字等。在某些情况下，中文写作中纠错已经并不容易，在英文写作时想要及时发现并纠正错误则更加困难。现在，AI 技术突飞猛进，火龙果写作软件旨在利用前沿的 AI 技术，提升写作质量和效率，不仅可以让我们更高效地完成写作任务，还能大幅提高文章的质量水平。

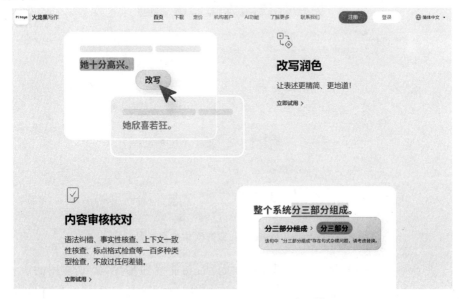

图 4-10 火龙果写作官方网站首页截图

首先，在写作过程中，几乎每个人都会遇到"不知道如何写下去"的创作瓶颈。火龙果智能写作软件有着强大的 AI 技术作为支撑，它学习了海量文章，可以精准地推测未完成的后续部分。在写作时，它能直接根据当前文章智能生成后续内容，帮助用户快速攻克写作难关，提升创作效率。并且，这种内容续写功能不仅在学术论文、工作报告等特定领域有效，同样也适用于小说续写。比如，用它生成独具一格的原创情节，省时又省力。

其次，虽然每个人都能写文章，但并非每个人都能写出好文章。若要写出一篇出彩的文章，润色是非常重要的环节之一。火龙果智能写作软件可以提供免费、专业的中英文改写指导，对文章的词句、语法进行智能润色。通过改写润色，文字表述就会更为精简、地道、规范，从此摆脱口语话、大白文，有效提高文章的质量跟档次。

再次，作为一款智能写作辅助工具，内容校对是火龙果智能写作软件必不可少的功能之一。AI 通过学习大量已知的错误，可为正在创作中的文章提供实时的错误检测和修改建议。火龙果智能写作软件支持语法纠错、事实性核查、上下文一致性核查、标点格式检查等一百多种检查。输入自己创作的内容后，只需要一键即可修改。当然，软件还支持多种语言的文章内容审核校对。

最后，火龙果智能写作软件具备翻译功能，支持多门语言的实时互译，包括中英互译、英法互译、英德互译、英西互译，能够使用词更加地道，原汁原味地呈现含义。不管是中转英还是英转中，还是其他语言的翻译，都能在写作过程中随时实现，再也不用借助第三方翻译工具来回粘贴。

案例操作 5：XMind 思维导图制作

E1 任务要求

1. 环境部署

安装 XMind 软件，确保能正常使用。

2. 思维整理

熟练使用 XMind 进行思维导图的制作。

E2 操作步骤

1. 新建思维导图

可以选择已有主题创建空白图，如图 4-11 左图所示，也可以在图库里打开自带的模板,如图 4‑11 右图所示。

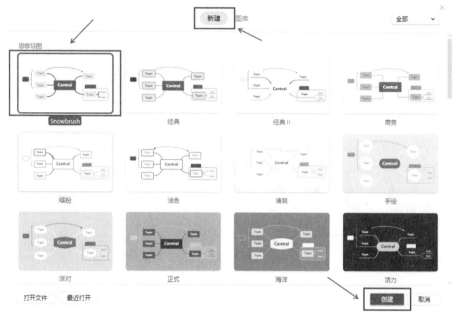

图 4‑11　新建思维导图

2. 认识最主要的菜单工具栏(图 4‑12)

(1) 添加主题、子主题。可以在工具栏添加主题和子主题,添加主题和子主题是绘制思维导图最基础的操作。选中主题点击主题或子主题即可添加。

(2) 添加联系、外框、概要、笔记。可以在工具栏进行联系、概要、外框、笔记的插入。选中主题,在工具栏里点击想插入的要素即可。

(3) ZEN 模式。在 ZEN 模式下,可以专注地进行思维导图的绘制,还可以进行专注时间的计时和开启黑夜模式。

(4) 格式。格式在工具栏的最右侧,支持对画布、主题、联系、概要等元素进行样式修改。可以在这个菜单栏里,对导图在样式上进行充分的自定义。

(5) 模式。可通过思维导图按钮和大纲按钮,进行查看模式的切换。

E3　结果处理

1. 编辑主题

(1) 主题类型。XMind 中有四种不同类型的主题形式,分别是中心主题、分支主题、子主题和自由主题,如图 4‑13 所示。

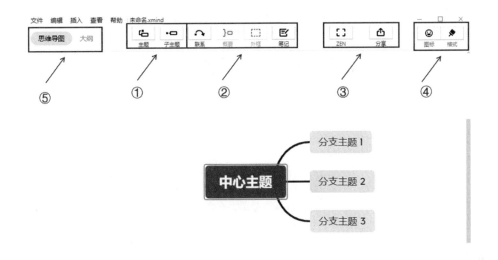

图 4-12　Xmind 工具栏介绍

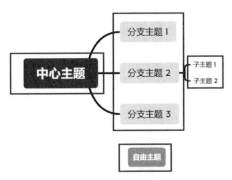

图 4-13　主题类型介绍

其中,中心主题是这张导图的核心,也是画布的中心,每一张思维导图有且仅有一个中心主题;中心主题发散出来的第一级主题为分支主题;分支主题发散出来的下一级主题为子主题;自由主题是在思维导图结构外独立存在的主题,可以作为导图结构外的补充。自由主题拥有极大的自由度和可玩性,可以用来创建花式导图。

(2) 添加分支主题。选中中心主题,点击工具栏的"主题"按钮进行添加,或单击"Enter"键进行添加,如图 4-14 所示。

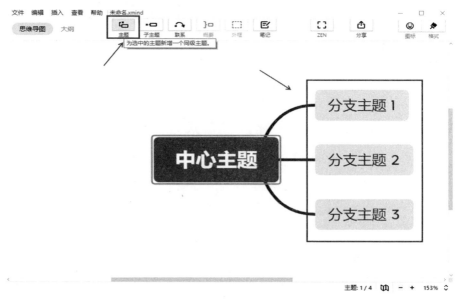

图 4-14 添加分支主题

（3）添加子主题。选中分支主题,点击工具栏的"子主题"按钮进行添加,或单击"Tab"键进行添加,如图 4-15 所示。

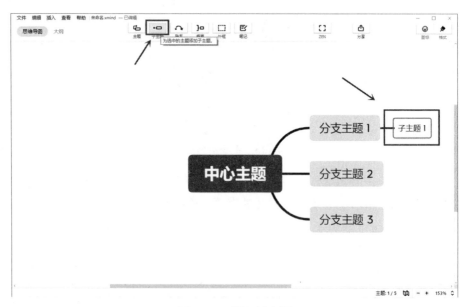

图 4-15 添加子主题

(4) 添加自由主题。鼠标双击画布空白处添加自由主题,如图 4-16 所示。

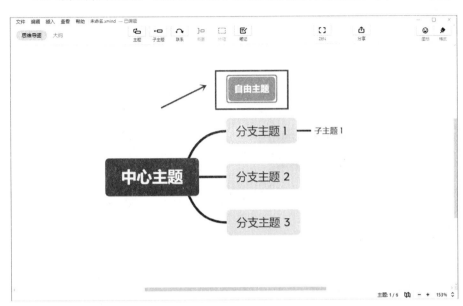

图 4-16 添加自由主题

2. 添加逻辑元素

(1) 联系。联系是思维导图中任意两个主题之间用于显示特殊关系的自定义连接线。如果两个主题之间有关联性,可以用联系将二者关联起来,并添加文字描述定义这个关系。联系可以自定义线条、颜色、箭头、文本等样式。选中一个主题,在工具栏中点击"联系",再点击另一个主题即可成功添加;或在选中主题后,运用组合快捷键"Ctrl+Shift+L"添加联系,如图 4-17 所示。

(2) 概要。在思维导图中,概要用于为选中的主题添加总结文字。当研究者想对几个主题进行概括,进一步对主题进行总结和升华时,可以添加概要。和其他主题一样,概要主题可以更改样式,并添加自己的子主题。选中一个或者多个主题后,在工具栏中点击"概要"进行添加,如图 4-18 所示。

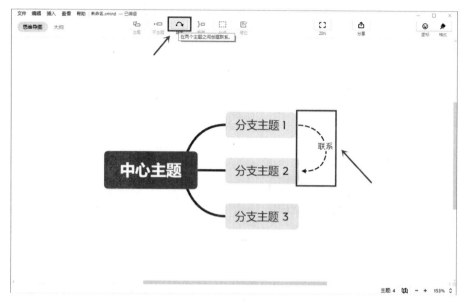

图 4-17 添加联系

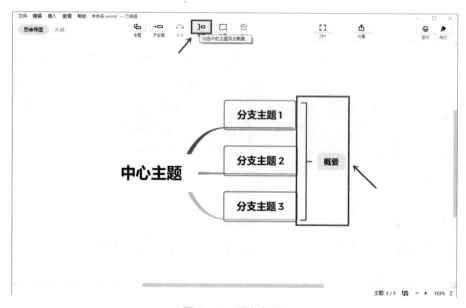

图 4-18 添加概要

(3) 外框。外框是围绕主题的封闭区域。当研究者想强调或凸显某些主题内容,或告诉读者某些特殊概念时,可以用外框将这些主题框在一起,并进行注释。当主题内容有相同属性时也可以用外框进行凸显。外框有多种样式,可以自定义外框的主题形状、颜色、形状、线条、文本等不同样式来加以区分。选中一个或者多个主题后,在工具栏中点击"外框"进行添加,如图4-19所示。

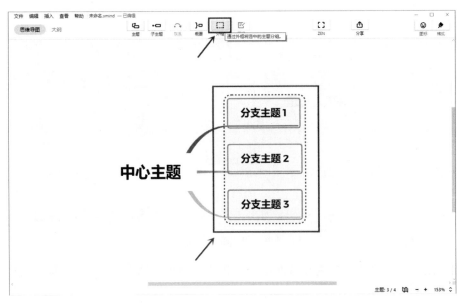

图 4-19 添加外框

(4) 笔记。笔记是用于注释主题的文本。当研究者想对一个主题进行详细的内容阐述,但又不想影响整张思维导图的简洁性时,可以将文字放入笔记中。选中某一主题,点击工具栏中的"笔记"进行添加,如图4-20所示。

E4 功能总结

XMind 是一款全功能思维导图和头脑风暴软件,能帮助人们理清思路,捕捉创意。

首先,XMind 绘制方便,导图的绘制不拘泥于形式,从中心点出发,每有一条关键数据就从中心点上分出一个节点;节点数量也没有约束,可以无限延伸。当某一节点需要细分时,以此节点为主节点继续细分,就如同一棵大树的树枝,无限延展,助人理清思路。

其次,除了思维导图结构,XMind 还提供组织结构图、树形图、逻辑图等的绘制,这些图表可以在一个导图里使用,每个分支都有最合适的结构,帮助人们以不同的结构呈现想法。比如,鱼骨图又名"原因结果图",可生成一系列分

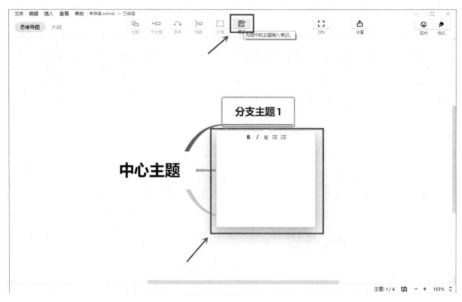

图 4-20　添加笔记

支帮助用户在复杂的想法或事件中可视化组织因果关系。通过鱼骨图，人们可以快速捕获关键活动和计划时间表里各主题之间的相关性并采取适当措施加快项目进度。又如矩阵图，按行和列列出一组复杂的因素和行为，这样便可以深入对比分析项目管理、战略决策和其他重要的事情，让人们能够轻松安排信息表，同时还包含多个主题。

此外，由于人的记忆方式更利于图像记忆，因此思维导图这类图形化工具的使用，可以帮助人们加强记忆和理解。

案例操作 6：ProcessOn 流程图制作

E1 任务要求

1. 环境准备

打开浏览器在地址栏输入"https://www.processon.com/"，点击右上角"免费注册"，在弹出对话框中，使用微信扫描二维码注册 ProcessOn 新用户账户，ProcessOn 支持手机号、微信号、QQ 号等方式注册账号。

2. 流程图制作

制作一个教学改革项目的流程图。

E2 操作步骤

1. 新建项目

如图 4-21,进入 ProcessOn 主页面,点击页面左上角"新建"按钮,在弹出菜单中点击"流程图"新建,或者点击"流程图"按钮右侧"模板"新建。

图 4-21　新建流程图

2. 元件构建

(1) 新建元件。如图 4-22,在页面左侧选择"基础图形"区的"矩形"按钮,或者"FlowChart"区的"流程"按钮,鼠标左键按住拖拽至绘图区,绘图区即可出现相应矩形图形。

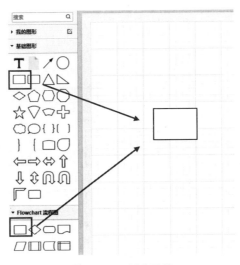

图 4-22　新建元件

（2）设置元件。双击矩形，在光标处输入文字，同时矩形四角出现四个矩形锚点、矩形四边出现四个圆形锚点，分别用于手工调整图形尺寸和手工建立连线。如图4-23，接下来在工具栏处调整字体、字号、线型、填充等设置。

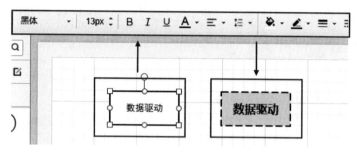

图4-23 元件设置

3. 建立联系

（1）绘制连线。如图4-24，单击第一个元件四边上任一锚点，系统自动生成连线，鼠标左键按住不放，移动鼠标至另一元件四边上任一锚点，放开鼠标左键即可建立连线。

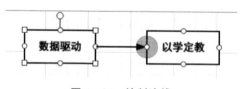

图4-24 绘制连线

（2）调整连线。如图4-25，单击某一连线，通过工具栏线型设置即可调整颜色、线宽、样式、类型、起点等。

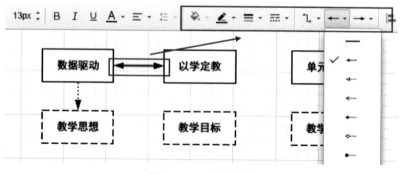

图4-25 连线调整

E3 结果处理

1. 一键美化

按照项目研究设计,依据理论模型,依次画出各个元件并建立相应联系,鼠标选中整体流程图元件和连线后,在工具栏最右侧点击"一键美化"按钮,即可优化图形布局、连线和大小等;点击工具栏最左侧"切换风格"按钮,即可自动调整配色等,如图 4-26。

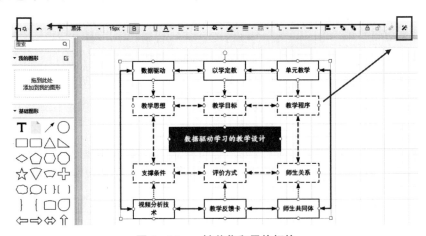

图 4-26 一键美化和风格切换

2. 其他操作

(1) 双击页面右上方"展开"按钮,出现系统菜单,包括"文件""编辑"等,可进行相应操作。如可点击"未命名文件",编辑修改项目流程图文件名,如图 4-27。

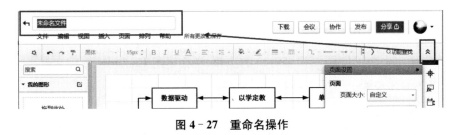

图 4-27 重命名操作

(2) 可以使用截图工具进行流程图截图,也可通过页面右上角"下载""协作""发布"等按钮进行保存和共享操作,其中点击"下载"按钮,在弹出菜单中可选择 JPG 图片、PDF 文件等方式导出,如图 4-28。

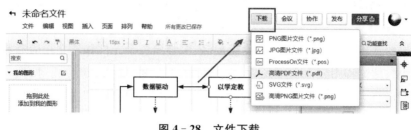

图4-28 文件下载

E4 功能总结

ProcessOn 无需下载安装,只需要一个浏览器就可以在线作图,虽然未付费用户文件数量受限,但9个文件的权限,已能够满足初级使用者的需求,因此学习使用成本低。同时其上手迅速,拖拖拽拽就可以完成流程图的绘制,初学者体验流畅。

ProcessOn 不仅可以绘制流程图,也可绘制思维导图、组织结构图、原型图、软件建模图等。系统提供了帮助、模板等辅助功能,帮助了解更丰富的应用和技巧;也可通过知识分享社区,学习和借鉴大量用户发布的优质内容;更可通过多人实时协作,邀请同事或朋友一起参与作图;能够实时显示更改状态及内容的编辑,并可回看所有操作流程。

案例操作7:EndNote 文献管理

E1 任务要求

1. 环境准备

确保 EndNote X9 软件能正常运行。

2. 文献管理

掌握三大数据库导入 EndNote 的步骤,学会运用 EndNote 管理文献。

E2 操作步骤

1. 新建数据库

(1) 打开 EndNote,首先需要新建文献数据库文件,如图4-29,依次点击菜单栏中的"文件"—"新建"—"选择文件夹"。

选择保存路径后点击"保存"即完成数据库文件创建,创建后即可生成 My EndNote Library. enl 文件和 My EndNote Library. Data 文件夹,如图4-30所示。My EndNote Library. Data 文件夹包括 rdb 和 tdb 两个子文件夹,用来存放文献条目信息。

图 4-29　新建数据库

图 4-30　数据库文件类型

(2) 新的页面生成后主要包括 4 个区域:左侧为导航区域,包括所有文献记录、同步状态、最近添加记录、未分类记录、回收站、个人分组、查找全文;中部上方为搜索面板,包括作者、年限、标题等限定检索项,可以使用逻辑关系联合多关键词进行检索;中部下方为参考文献记录条目显示区,包括文献是否已读状态标识(状态标识为实心圆,标题加粗表示文献未读;状态标识为空心圆,标题未加粗表示文献已读)、文献的星标重要程度、文献发表年限、文献标题、作者、期刊名、文献类别等,点击栏目名可以进行排序、拖动等操作;右侧为参考文献记录条目预览窗口,包括 Reference(文献具体信息)、Preview(文献预览窗口)、Attached PDFs(已经下载的文献全文),其中可进行全文阅读和注释,如图 4-31 所示。

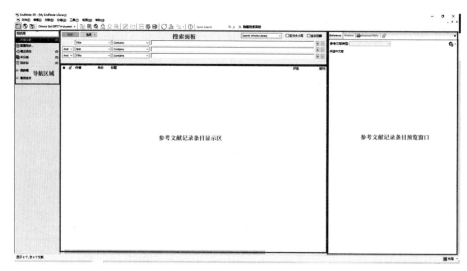

图 4-31　页面介绍

2. 文献导入数据库

一般数据库都支持输出检索结果,下面以常见的 PubMed、Web of Science、中国知网等数据库为例来说明。

(1) PubMed 数据库

①输入关键词和检索条件,点击"Search"开始检索。在检索页面中,点击右上方的"Display options"按钮,选择所需排序方式(出版时间、被引量等)及每页文献量(10、20、50 等),点击页面上方的"Send to"按钮,在下拉菜单中选中"Citation manager"可将选中的记录生成可直接导入 EndNote 文献管理软件的文件,选择"All results on this page""All results"或"Selection"方式,点击"Create file"即可导出。此时导出记录已经保存到 PubMed 特有的 NBIB Formatted File 文件中,如图 4-32 所示。

4　常用软件

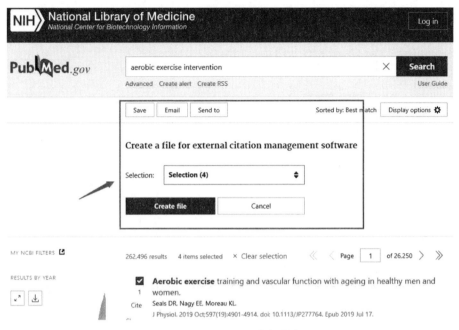

图 4-32　PubMed 数据导出

②双击 NBIB Formatted File 文件即可将其导入 EndNote 中;或者依次点击"文件"—"导入"—"文件",在弹出对话框中,选择"NBIB Formatted File"文件,导入选项选择"PubMed(NLM)",其他默认即可,如图 4-33 所示。

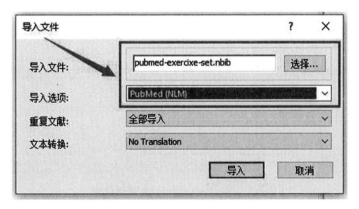

图 4-33　PubMed 数据导入

(2) Web of Science 数据库

①输入关键词和检索条件,如图 4-34,点击"检索"开始检索。

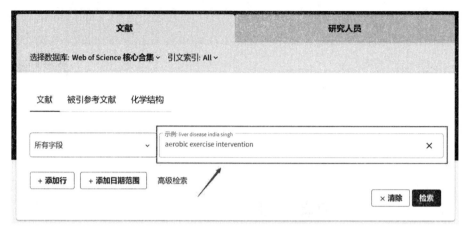

图 4-34 Web of Science 检索

如图 4-35,在检索结果页面中,选择所需排序方式(默认出版日期降序排列,一般是选择被引频次降序排列),点击"导出"按钮,在下拉菜单中选择"Save to EndNote desktop"。

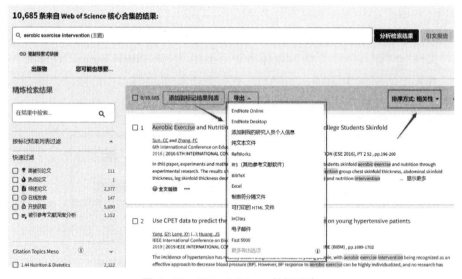

图 4-35 Web of Science 数据导出

如图 4-36,在弹出框输入导出文献记录数量(每次最多导出 1000 条)和选择输出内容后,点击"导出"。

图 4-36 导出记录选择

②双击 savedrecs.ciw 文件即可将其导入 EndNote 中；或者依次点击"文件"—"导入"—"文件"，在弹出对话框中，选择"savedrecs.ciw"文件，导入选项选择"ISE-CE"，其他默认即可，如图 4-37 所示。

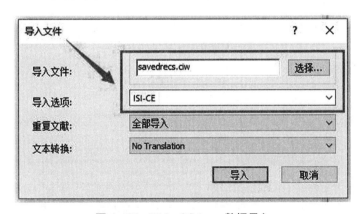

图 4-37 Web of Science 数据导入

（3）中国知网数据库

在知网高级检索中，如图 4-38，输入关键词和检索条件，点击"检索"开始检索；在检索结果页面中，选择所需排序方式（默认出版日期降序排列，一般是选择被引频次降序排列），然后勾选要导出的文献。

图 4-38　中国知网检索与选择

如图 4-39，点击"导出与分析"按钮，在下拉菜单中点击导出文献，选择"EndNote"，进入 CNKI 文献管理中心，点击"导出"，即可生成 txt 格式的参考文献文件。

图 4-39　中国知网数据导出

回到 EndNote，如图 4-40，依次点击"文件"－"导入"－"文件"，在弹出对话框中，选择刚才保存的 CNKI.txt 文件，导入选项选择"EndNote 导入"，其他默认即可。

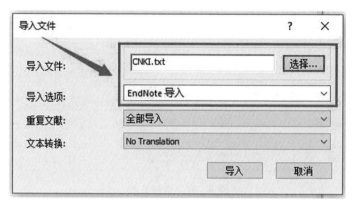

图 4-40　中国知网数据导入

E3 结果处理

1. 文献去重

在众多数据库中进行检索、添加参考文献记录，不可避免会有重复文献，此时可以利用 EndNote X9 进行查找去重，点击菜单栏的文献，查找重复即可，如图 4-41 所示。

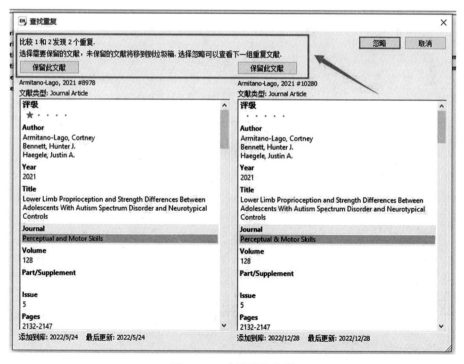

图 4-41　去除重复文献

2. 文献查找

如图4-42,利用页面上方的检索框即可进行文献查找。

图4-42 查找文献

3. 群组管理

根据研究内容,有必要进行适当分组,右键点击"我的组"即可创建分组。分组包括三类,分别是创建分组、智能组以及组集。创建分组,可以将列表区域文献记录选中后拖到分组中;创建智能组,按照一定条件筛选当前所有文献,符合条件的文献自动归组,例如,筛选某一数据库文献,将作者属于 China 的文献自动归为一组,此时便可以利用创建智能组功能进行创建分组;创建组集,相当于多个分组的集合,类似树形结构层次。

4. PDF 导入

如图4-43,点击"Attached PDFs"按钮旁的回形针按钮即可导入 PDF。

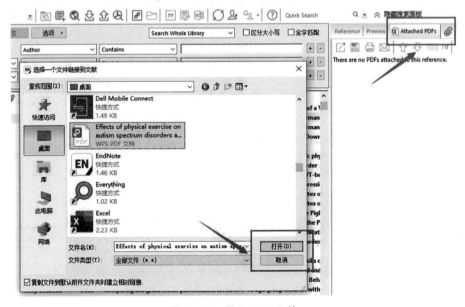

图4-43 导入 PDF 文件

5. 文献引用

设置 Word 导览框中的 Endnote X9 样式为"Chinese Std GBT7714",如图 4-44,点击"插入引文"即自动弹出数据库,选择文献即可插入。

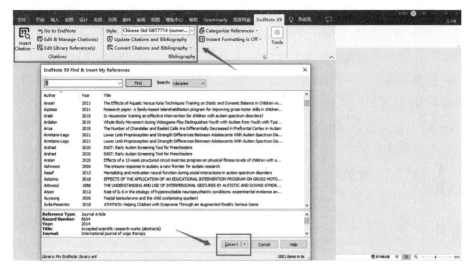

图 4-44　Word 中插入引文

E4　功能总结

EndNote 是一种功能强大的文献管理软件,用于帮助用户轻松地管理与课题相关的文献,建立个人文献数据库,能够有效管理文献,提高研究和写作效率。

首先,通过选择合适的过滤器,EndNote 可将现有几乎所有文献检索引擎或数据库中下载的文献题录信息导入数据库,同时还可将 PDF 全文导入 EndNote,并使用其自带的 PDF 阅读器进行浏览、批注,随时随地查看与编辑文献。

其次,EndNote 可通过对文献进行群组管理、星标标记和文献查找等操作,实现海量文献资料的分类管理。例如通过星标标记文章的重要性,通过更改排序方式快速浏览文献,从而大大提高了阅读的效率。

此外,通过在 Word 中安装插件,可实现在论文写作中快速引用参考文献,创建参考文献列表并自动调整参考文献序号,同时可设定各种期刊相应的参考文献格式以及投稿模板,按各出版社要求进行文献引用。

总的来说,EndNote 是一款将管理文献、批注文献、引用文献相结合的专业文献管理软件，有助于用户建立个人文献数据库，实现文献的高效管理与利用。

小结

随着信息技术的普及，大多数专业工作必须通过专门软件的辅助才能完成，因此软件使用与利用在专业人士工作中发挥着重要作用，信息检索与利用的相关软件亦是如此。在欧美发达国家，92%的专业人员认为专门软件对自己的工作重要或非常重要，95%的专业人员经常使用专门软件，国内调研也得出相似结论，可见进行任何专业工作都必须了解相应软件工具。对于体育这一专业领域而言，了解信息检索与利用的相关软件，对于专业工作效率提升非常重要。本章依次介绍了与体育信息检索与利用相关的基本办公、文献阅读、外文翻译、文献管理、逻辑整理和其他辅助6类软件中较常见的应用软件，为个性化软件选择、专业业务能力提升等奠定基础。

练习

思考题

1. 请阐述 WPS 软件和 Office 软件的异同，试说明常用的办公软件和选择的理由。

2. 请罗列常见的文献阅读软件，试说明常用的文献管理软件和选择的理由。

实操题

1. 请绘制小型体育比赛组织与管理的思维导图。

2. 请绘制一节体育课教学设计的流程图。

3. 请检索近 10 年滑雪生物力学分析相关研究文献 10 篇，并用 EndNote 软件进行全文管理。

5 研究综述

学习目标
1. 能力目标:了解文献检索利用的主要场景,熟悉研究综述的基本规则。
2. 行为目标:理解研究综述的作用与价值,学会规范严谨地进行综述写作。
3. 思政目标:认知研究综述的工作要求和重要意义,践行学术道德与学术精神。

导言

研究综述是在确定了选题后,在对选题所涉及的研究领域的文献进行广泛阅读和理解的基础上,对该研究领域的研究现状(包括主要学术观点、前人研究成果和研究水平、争论焦点、存在的问题及可能的原因等)、新水平、新动态、新技术和新发现、发展前景等内容进行综合分析、归纳整理和评论,并提出自己的见解和研究思路的一种不同于毕业论文和研究论文的文体。

研究综述也是一篇规范的研究论文所必需的要素,在论文尤其是学位论文的写作过程中处于极为重要的地位,它是保障论文写作顺利进行的前提。写好一篇研究综述应当明确其含义、特征,把握研究综述写作的基本规则,遵循研究综述的写作步骤和内容要求,避免陷入写作误区。

5.1 研究综述简介

5.1.1 内涵特征

综述是教学、科研以及生产的重要参考资料。研究综述是指在对与论文选题有关的资料进行消化、吸收的基础上,对选题领域的研究现状进行梳理、归纳、分析、评价,提出自己的评判性见解进而确定论文研究方向的一种文体(图5-1)。"综"即综合,对文献资料进行综合分析、归纳整理,使材料更精炼明确,更有逻辑层次;"述"即评述,结合作者的观点和实践经验对综合整理后的文献中的观点、方法和结论进行比较专门、全面、深入、系统、客观的叙述和评论。"综"是基础,"述"是表现。它要求作者既要对所查阅资料的主要观点进行综合整理、陈述,还要根据自己的理解和认识,对综合整理后的文献进行系统的论述并作出相应的评价,而不仅仅是相关领域学术研究的"堆砌"。

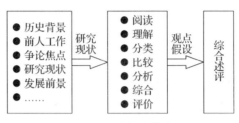

图 5-1 研究综述的内涵

按照内容范围,综述可分为 3 种类型:①综合型,对一定时间范围内的某一学科、专业或某一专门问题的相关文献进行分析梳理,以概述与报道重要文献、重要思想和重要结论;②专题型,将有关某项技术或某种产品的各种事实情况进行系统排列而形成的事实性报告,以科学展现该技术或产品的数据或事实资料;③文摘型,将一定时间范围内有关某一课题的全部文献分别摘录出主要内容,按一定顺序叙述,并逐一标明出处,文摘型综述同时具有专题文摘和专题文献索引的作用。按照研究综述的独立性与自足性标准,也可以将其划分为 2 种类型(表 5-1):一为自成文体的综述性文章,这是与研究报告、调查报告相并列的一种特殊文体;二为学位论文开题报告或者学位论文导论部分的文献综述。

表 5-1 研究综述的类别

类别		关注点	目的
综述性文章		整个领域或某一主题	归纳和评论,旨在指出未来发展方向
文献综述	期刊文章中的综述部分	与本研究相关的问题	借鉴并指出不足,表明本研究的正确性,突显本研究的重要性
	学位论文中的综述章节	与本研究相关的理论、方法,以及前人的研究结果	归纳和评论,明确研究方向,同时借鉴并指出不足,表明本研究的正确性,突显本研究的重要性

理解研究综述的含义,还需要掌握综述的特征,主要有:

(1) 客观性。是指对原始文献内容,如观点、事实、数据等方面进行客观概述,一般情况下不提出个人观点和建议。

（2）系统性。全面系统地反映某一课题的近期发展与现状。

（3）新颖性。是指对某一课题最新进展情况的及时反映,要求撰写者搜集最近的文献信息,将其中的新观点、新理论、新思想及时传递给读者,具有较强的时效性。

（4）资料性。较多的原始文献是撰写综述的基础,综述中包含原始文献的主要观点、数据、事实或文献线索等,对读者具有较大的参考价值。总之,研究综述必须全面、系统,内容要表现出引用新观点、新方法、新见解。

5.1.2 目的作用

研究综述地位举足轻重。与述评相比,综述是对某一课题的原始文献进行分析、综合,概述其中的主要学术观点和思想,侧重于客观叙述,目的是全面系统地反映某一课题研究的发展历史、现状与未来趋势,一般不加入作者对研究成果的主观评价、意见和建议,是一种"述而不评"的学术研究成果;而述评是对某一课题的综述与评价,侧重点在评价,就是深入分析近期某课题的研究成果,提出自己的观点、意见、建议,指出其所达到的科研水平、实际意义、理论意义、存在的问题、未来发展趋势等。综述包含相关的研究动态、研究内容、研究方法等方面的情报,可为读者进行科学研究提供指导;述评是书目情报的高级成果,主要内容是作者对现有研究成果的评价,包含研究现状、实际意义、理论意义,在综述文献的基础上提出研究的未来发展趋势,有较高的情报价值,既可提供科研参考,又可提供决策参考。尽管述评的要求高于综述,但它们都需要其作者对某个领域研究成果有全面而深刻的理解与把握,具备较高的学术水平和写作能力。

研究综述不仅可以避免重复的、无意义的以及根本无法回答的问题,也有助于他人发现前沿性的问题。归纳起来,这些作用主要包括:

（1）提供综合性信息。综述是对某一课题的相关原始文献的主要内容进行分析、归纳、综合而形成的三次文献,是将分散于文献单元、价值较高的内容系统化、条理化,而浓缩为综述。

（2）具有情报价值。综述的选题具有明确、现实性强的特征,可使读者了解某一课题较新的研究成果、研究内容和研究方法,避免重复研究,并启发读者的思维和灵感。

(3) 培养信息能力。即撰写综述可培养作者的信息检索、信息整理、信息分析、信息利用等方面的能力,也可提高学术文献的写作能力。

文献综述事实上就是在寻找和确认前人肩膀究竟在哪里的过程。在科学研究中,如果缺少全面系统的文献综述工作的话,该项研究很有可能只是踩在别人的腰上,甚或是没踩到前人任何部位即踩空了或者踩偏了。因此,撰写综述中切记:①查阅较多的原始文献,且须是第一手资料,内容可靠,数据准确,信息量大;②行文规范,要注明引文出处;③撰写者须深切全面地把握课题研究现状和主要问题,具备较高的写作水平。

5.2 研究综述过程

5.2.1 目标选题

一个好的研究课题通常是从对现实问题的兴趣中产生的,而这种兴趣必须要从日常生活语言转化为能够成为研究课题的想法。这个研究课题必须是一个明确的问题,并与具体的学术领域相联系。使用学科语言、提炼研究兴趣、选择学术观点,这是建立研究课题的必经之路。体育科学作为自然科学和社会科学结合的一个重要应用学科,如果没有好的选题,即便是洋洋洒洒数万言乃至数十万、数百万言,结果都是无用的废话,都不能视为成功的研究。

任何研究都始于问题,研究问题大多来自人们对日常生活工作中的一些矛盾、争端、焦点以及人们对现实的反思,如:"为什么中国有些体育项目能成功,但其他项目却不行?""是否有成功的体育项目发展模式?""这个项目的教练员、运动员为什么会用某种特定的方式训练、比赛和管理?"而如何把问题变成选题,必须经历3个阶段(图5-2):

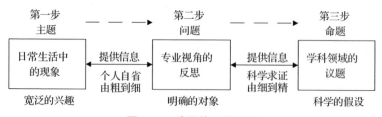

图5-2 选题的工作历程

第一,具体主题。大多数刚从事研究的人在被问及选择什么研究方向时,回答都过于宏观。比如"学生为什么不能达到理想的竞技水平?"如此表达太宽泛,缺乏研究的具体主题。为了明确研究问题,必须具体、准确,例如"锻炼时运动强度怎么控制"是一个日常生活问题,而"海拔高度对运动员恢复训练运动强度的影响"却是一个专业科学问题。显然只有具体主题才能作为研究对象。

第二,问题聚焦。限定的研究主题是否太复杂或包含了过多的研究对象?我们应通过简化和选择一个研究关注点或者研究对象,通过设定一个清晰的界限进行研究。研究问题要专注于一个研究对象,比如是否选择了一个可以描述清楚并能明确定义的研究对象。"海拔高度对运动员恢复训练运动强度的影响"与"海拔高度对高水平自由泳运动员恢复训练运动强度的影响"这两个问题的区别显而易见。

第三,选择视角。从日常生活中产生的想法一般是从个人的角度或立场出发的,这出于研究者对某个主题想有更多了解的个人需求。然而,一个可供研究的问题要从学科的角度或立场出发,应根据学术领域的研究需求而产生。一个研究课题应该是从相关学术讨论和辩论中产生或从学术作品中衍生出来的。我们必须通过一个明确的研究命题或研究假设,从具体的学术角度或立场来着手开展工作,只有这样我们才能正确地开始研究。

总之,提出选题实际上是知识积累后的第一次思想井喷,没有知识积累就无法提出选题。好的选题可以使研究事半功倍,好的选题也是研究成功的前提。

5.2.2 资料整理

资料的广泛检索搜集是研究综述的基础,并贯穿在整个研究工作中。在选题阶段要进行尝试性、探索性检索,用以启发、验证研究思路;在写作阶段要进行正式的、系统的检索,获得支持内容的材料;在修改阶段要进行定点、查漏补缺式的检索,获得补充性文献;最重要的是在文献综述阶段,它是检索最集中、检索量最大的时期。

资料搜集除了靠平时积累外,还要靠有目的地搜集(表5-2),每一次收集工作开始前均需思考检索什么,为什么检索。可以先搜集资料,再确定方向,也可以先确定方向,再按照方向要求搜集资料。两者往往是结合的,即在平时资料积累的基础上明确方向,再根据需要补充搜集素材。为避免资料收集累积的无序、冗余和重复等,可以多借助 EndNote 等文献管理软件采用"文献树"的方式进行资料管理(图5-3),并坚持对每次检索结果进行筛选,将其分门别类地纳入"文献树"的相应位置。

表5-2 文献资料与来源方式

文献类型	书籍、主题、作者	参考杂志、其他相关期刊	论文、专题论述	行业性杂志、畅销杂志、报纸	网页、博客
数据库	图书馆编目、网上公共检索目录	图书馆在线数据库中的主题目录与摘要	论文摘要	网络查询目录	在线搜索引擎

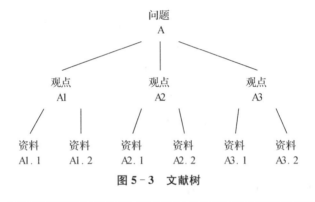

图5-3 文献树

Tips:文献树

又称"学术谱系"原则,即系统梳理研究问题的起源、发展和现状,按照"由远到近""由大到小"和"由宽到窄"的树状结构展开,便于理清研究问题的来龙去脉,揭示研究问题的演变。

阅读文献是综述写作的"前奏"。阅读是有层次的,是一个循序渐进、逐步发展的过程,在不同阅读阶段,应采用不同的阅读方法(图5-4)。研究综述阅读文献时,应选读一些近期发表的综述、述评,因为这样可以了解有关专题的概况,而省去查找和阅读大量原始文献的时间。而对查获的文献,应先进行普遍浏览,以求对文献初步了解,并选定重点参考资料;然后通读选出的文献,通读时全面掌握每篇文献的内容及重点,做好摘录或笔记,完成选材。此外,阅读一

篇文献时,应先读摘要和结论,以此来初步了解文献的主要内容,权衡其学术价值,确定其对撰写综述有无用处及实用性大小。

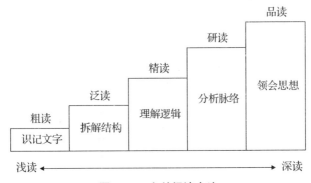

图 5-4 文献阅读方法

为了建构个人知识体系,文献阅读应养成做笔记的习惯。正所谓"好记性不如烂笔头",综述工作中笔记的价值体现在:①强化记忆,笔记可以记录文献资料核心要点,便于随时调阅;②引导阅读,笔记内容有助于文献阅读有针对性地高效进行;③系统整合,笔记分类有利于同一主题论文归类筛选,建立资料之间的联系,理解主题脉络;④方便引用,笔记原文来自文献资料中的经典论述,便于引用利用。通过阅读笔记的长期积累,可以形成个人的专属文献仓库,最终成为自身学术资产。

接下来,尤其是在循证类研究综述中,最好利用图或表来规划各种资料(图5-5、表5-3)。图表可以帮助我们以一定的格式组织资料。表格便于分类与比较,易于比较不同文献之间的异同;图形便于呈现逻辑关系,易于梳理出思维脉络。以图表的形式将与检索词有关的内容逐一记录下来并分类编目,分析每一个文献与研究问题之间所建立的一一对应的关系,有利于进一步的分析。制作图表是研究综述中整理、组织文献资料的一项必备技能。

图 5-5 文献资料图表

表 5-3 纳入文献基本特征

纳入研究	研究设计	样本量	年龄	干预措施	干预频率	结果测量	干预效果
Arabi 2019	RCI	IG=15 CG=15	6~12	体育游戏干预（SPARK课程）	60分钟,3×/周,10周	TGMD-2	运动技能和社交能力显著改善
Ansari 2020	RCT	IG1=10 IG2=10 CG=10	8~14	运动技能干预（KATA搏击）水上运动干预	60分钟,2×/周,10周	平衡测试	静态和动态平衡能力显著提高
Arzoglou	CT	IG=5 CG=5	15~18	运动技能干预（舞蹈）	34~45分钟,3×/周,8周	KTK	身体协调、平衡、速度和敏捷性显著改善
Caputo 2018	CT	IG=13 CG=13	6~12	水上运动干预：情绪适应、游戏适应、社会融合	45分钟,1~2×/周,10月	VABS	功能适应、情绪反应、游泳技能和运动技能显著改善
Dickinson 2014	RCT	IG=50 CG=50	5~15	体育游戏干预（视频游戏）	15分钟,3×/周,3学期	bleep lest Eurofit test	有氧能力、力量、速度和敏捷性显著提高
Fragala 2011	CT	IG=7 CG=5	6~12	水上技能干预	40分钟,2×/周,14周	M-PEDI	游戏技能有所改善,力量和有氧能力没有改善

5.2.3 论证推理

研究是一个论证的过程,论证是一个严密的逻辑思维过程。对选题的基本资料搜集完毕后,就需要对资料进行梳理、归纳和总结。这种对资料的整理过程既是掌握选题领域研究现状的必经步骤,也是发现问题、评价现象,进而形成研究综述总体思路的过程。然而,研究综述一旦缺乏论证思维,大多数用发散性思维来写的论文,就缺乏深度。

论证推理就是把资料和观点进行合理有序的记叙,建立起一个合理的论证方案,而不是简单地把资料罗列在一起。建立论证方案是指按照一定逻辑形式组织和安排一系列的事实,通过这些事实来证明研究课题中的中心论点。研究综述中最常见的两种论证方案是发现式论证和支持式论证(图5-6)。发现式论证就是讨论并解释有关研究对象的已有知识,主要通过现有证据的呈现来证明观点。支持式论证以发现式论证为基础,对获得的资料进行综合的评论分析,并提出解决问题的思路。研究综述中"综"的部分主要建立发现式论证方案,"评"的部分主要建立支持式论证方案。

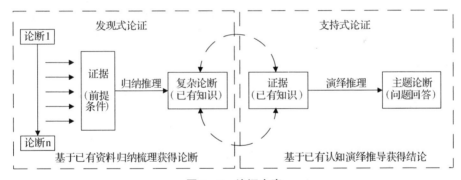

图5-6 论证方案

论证是最基本的逻辑思维方式,指逻辑地呈现论据并推导证明某个结论的过程。一个有说服力的论证可以有很多呈现方式,其中论点、论据和推理是构成最简单论证的基本要素。

论点,也称论断,指提出一个要证明的观点、主张。论断有5种常见类型:事实论断、价值论断、政策论断、概念论断、解释性论断(表5-4)。文献记述部分以事实论断最为常见,其他类型在文献评析和论文结论部分比较常用。一般而言,任何研究均有一个针对问题的核心观点,因而在论证过程中就必须围绕这个核心观点展开,所有材料的目标都是指向这个核心观点的,而不是从该核心观点延伸出去。

表5-4 论断的种类和用途

论断种类	类型	论证用途	论据
事实论断	关于人物、地点或者事件的陈述	陈述一个事实	数据核实资料
价值论断	对观点优劣、行动过程、行为或立场等作出评价和判断	评判行动过程、行为或者立场	专家性质支持性资料
政策论断	确定准则或标准的论断	提出应该做什么	专家或轶事性质支持性资料
概念论断	对主张、观点或者现象的定义或描述	下定义	专家性质支持性资料
解释性论断	为理解某种观点提供参考资料框架的论断	提供联系各个概念的框架	经过专家证实的文件、实证研究、统计研究、轶闻趣事研究

证据是一系列支撑论断的资料。资料不等同于证据。资料是琐碎的、没有任何价值倾向的,而证据是为了某个目的而收集的资料。资料的质量和相关程度决定了资料作为证据的价值。研究者的一个重要的工作就是把文献资料转化成为文献证据,用以证明论点,文献中的重要论断会成为研究者关注的重点。

> **Tips:资料和论据**
>
> 资料是有目的的证据,它是琐碎的信息,没有价值观倾向,本身不作任何判断。证据是为某个目的而收集的资料,是有意图的资料。证据是证实论断的基础,资料不等同于证据。

推理是证据的组织方式,其目的是推导并证明论断。没有一定的组织方式,呈现的资料就不能引导我们作出论断,为此推理需以逻辑形式呈现证据(图5-7),且逻辑形式要能够支撑论断。推理有4种基本形式:一对一推理、并行推理、链式推理和联合推理。一对一推理就是将原因和结果直接简单对应,如铃声响了,该下课了;并行推理就是综合运用多条资料提供相同的理由来证实结论;链式推理就是先用一个或多个原因证实结论,然后把结论组织起来再来证明一个结论,用一个公式表示即因为A所以B,因为B所以C;联合推理指每个理由都不能独立存在,只有联合起来才能提供充分的证据来证实结论,用一个公式表示即如果 X 成立,并且 Y 也成立,那么 Z 成立。并行推理是研究综述最常用的推理形式。

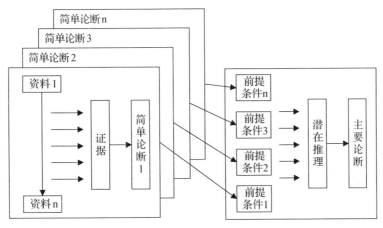

图 5-7　论证的推理逻辑

5.3　综述撰写要求

5.3.1　框架规范

综述是一种既不同于读书笔记也不同于科研论文的特殊文体。综述在具有特殊性的同时,也具有与其他文体一样的要求,即都需要具备一定的基本内容。综述的基本框架包括前言导语、正文主体、总结述评和参考文献。

1. 前言导语

综述的前言导语是综述展开的前提和铺垫。前言导语部分撰写的基本要求是简明扼要地概述选题领域的基本情况,为综述正文主体部分奠定基础,引导他人阅读与思考。前言部分的基本内容包括选题的目的、选题的理论意义、选题的实践意义、综述的范围与焦点、对选题的基本思考与见解等。引言的作用主要是提供必要的背景材料、课题的研究现状、争论的焦点及发展趋势,交代综述讨论的范围。因此从写作规则上要求开宗明义,用简练、直接的方法和文字揭开主题,并能清楚交代综述专题的基本内容和范围,同时也要求简述拟解决的问题,以及学术价值和实用价值。如果是综述某方面的进展情况,还应对这方面的发展史作梗概介绍。

基本写作方式举例：

×××怎么样，还存在着×××的问题,当前,还有×××的现实困圄迫切需要解决,所以,×××是值得深入研究的问题。×××,因此,对于该问题的研究具有现实意义。(或:所以,×××显得必要和紧迫。)

2. 正文主体

文献综述的正文是文献综述的核心和实质部分。正文部分撰写的基本要求是逻辑严谨、思路清晰、内容全面客观、有述有评。正文部分的基本内容包括选题的国内外研究现状、主要观点、争论焦点、有待解决的问题、发展趋势、研究方法、分析评论等。正文的写作无统一的模式,以主题突出、阐述清楚、结构合理为原则。内容上一般包括历史演变发展、现状分析、趋向预测等。历史演变发展采用纵向对比的方法,对所研究的问题加以归纳,说明目前达到的水平。现状分析则是横向的对比,是把尚未解决的问题或人们对某一问题认识上的歧见加以揭示,这种揭示要求准确性和客观性。关于趋向预测,主要是给读者以启示,使从事这一课题的工作者能看到未来课题研究的发展方向。此外,在一个段落中,要对每一个文献的主要观点进行总结,指出文献的优缺点,并合成一个连贯一致的整体。内容上避免仅仅是转述别人的话,尽可能加上自己的解读,在整体的语境下讨论文章发现的意义,并运用好连接词与主题句来表达联系、比较和对比的关系,使得文章看上去条理清晰。

> **Tips：横向对比和纵向对比**
>
> 横向对比就是按照研究范式、学术流派、研究视角、研究方法、研究派别或观点分类等标准对文献分类对比,各类别之间是平行并列关系(如下面的左图)。纵向对比是按照时期、阶段等标准对综述对象进行分类对比,帮助勾勒出研究对象在不同发展阶段的轮廓(如下面的右图)。
>
>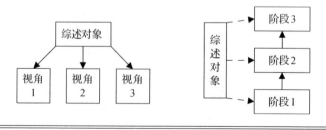

基本写作方式举例：

基于已有研究成果发现，国内外学者已从以下几方面取得了研究进展：

(1)××××××××××(中心句)

×××××××××××××××(文献支撑句)

(可从远到近、从大到小介绍研究的背景情况)

(2) 对于×××××××现状和不足的分析

一是×××××××

二是×××××××

三是×××××××

(须将同一问题归类，由重到轻、由大到小地写)

(3) 学者们对×××××××的意见与展望

3. 总结述评

文献综述的总结是文献综述的结束部分，是对选题领域研究状况的总结和概括。总结部分撰写的基本要求是对选题领域的研究现状和发展趋势进行分析和总结，体现对选题研究领域全面和准确的把握。总结部分的基本内容包括对选题领域研究现状的总结、提出有争议或有待解决的研究问题、选题领域的研究方向与发展趋势、自己对选题的基本看法等。在写作中应注意给出一个较为明确的阶段性结论。一篇好的综述总结，可以发人深思，具有导向意义。

基本写作方式举例：

××的研究是××××××××历史条件下不容忽视的一个问题。××××××××××是怎么样的(言简意赅地总体评价，要提纲挈领)。围绕如何建立××××××，学者们或者从××××××角度，或者从××××××角度，或者从××××××的角度对此作了详细的分析。从本课题目前搜集到的资料来看，虽然众多学者对于××××××进行了多方面的研究，但在这些研究中也存在着欠缺和不足的地方。

4. 参考文献

参考文献是文献综述必不可少的部分，它是作者掌握文献数量和质量情况的体现，是引导读者阅读有关文献的需要，也是作者尊重他人知识产权的表征。

参考文献部分的基本要求是文献要典型、具有代表性，要科学合理，要著录准确，应当详细列举并注明篇目、著者、出处等。参考文献著录不仅表示对被引用文献作者的尊重及引用文献的依据，而且为读者深入探讨有关问题提供了文献查找线索。具体的编排可以按照需要依据类型、年代等进行。

5.3.2　行文结构

行文结构，也称段落结构。行文结构是整篇综述的逻辑推演的关键，在开始撰写之前一定要思考好哪个结构更适合所研究的问题。行文结构一般来说有以下几种：

1. 时序结构

时序结构是将某个研究方向按年代的顺序由旧到新追溯推演叙述。在这种结构的叙述中一般都会总结不同历史时期研究思路的特征，并将其与所在的时代结合，分析具体的情况。由于可以展现发展脉络、转折点以及研究领域方向性的关键讨论，因此，在体育人文社科领域的研究中较为常用，也比较有代表性的就是教育领域如教育理念、政策随着年代的更替而变化等。

2. 拓展结构

拓展结构是围绕某一中心主题展开该主题下的不同方面，并依次分别叙述。在这种结构的叙述中一般呈"总—分—总"式的行文方式，将主题或者关键概念作为最主要的组织线索，通过分主题或分概念的层层梳理，清晰描绘主题概念的来龙去脉。比如，回顾社会发展水平对国民体质健康产生影响的文献时，可以就社会发展水平几个重要分支进行相关文献的回顾，如体育政策、教育条件、文化差异以及经济水平等。

3. 并列结构

并列结构是针对同一主题在不同学科、方法、手段等方面的问题、现象、结果等的比较叙述。在这种结构的叙述中，文献可能来自不同的学科，同时也运用了不同的研究方法，此时可以通过运用不同研究范式或方法对同一领域的研究结果或结论进行比较。通常比较定量研究与定性研究之间的研究结果，或者比较理论研究与实证研究之间的范式差异，也可划分成不同学科的视角来分类比较文献。比如，回顾体质健康促进科学机制的文献时，可以从生物学、社会学、教育学等学科展开，再就生物学因素，从生理学、解剖学等方面进一步深入分析。

4. 演变结构

演变结构是以某一领域经典理论为主要脉络,将其发展演变的不同学派成果依次分别叙述。这种结构的叙述中既有并列式的,即学派A、B、C、D相对独立的叙述;也有交叉式或分叉式的,即学派A中衍生出了学派B,或是学派A和学派B的结合中生成了学派C等。由于不同学派相互之间并没有明确的继承和发展的关系,而是相对独立存在的,两种论述结构最终产生的效果也有所不同,其对于作者撰写文章的理论功底和文字能力要求较高,多见于体育理论和政策研究。

如果综述的篇幅足够大,可以采用复合式的行文逻辑,比如整体结构是拓展结构,但是每一个分支的行文逻辑是时序结构。同时各种行文结构并没有什么优劣之分,想要采取哪种结构来撰写文献综述,应该与所选择的课题所在的领域、研究问题和文献阅读等有关。在实际的撰写工作中,研究者绝不能拘泥于某种结构形式,一篇好的研究综述必须有明确的展开逻辑和顺序,展现缜密的逻辑结构,阐述清楚问题,结构安排一定要为研究目的服务。

5.3.3 撰写建议

1. 客观中立

研究综述最基本的标准就是保持"客观性"。综述的述评贵在观点交锋和讲道理,须以平实、尊重、客观、中性的语言进行,并将对方置于和自己平等的地位上,并以平等而开放的态度,对他人的研究表示充分的理解和尊重。后来者不必自恃高明,贬斥前人,甚至否认已有研究的价值。评述以往的研究是一种与前人的对话,必须带着敬意和谢忱,具有公正的态度,避免使用口语化和情绪化语言,而且不要用指责的口吻,行文应尽量中性平和。同时在广泛阅读和清晰交代前人文献的基础上,应该能够提出作者自己的观点,也就是应该能够有所评论或总结,一般研究中"述"与"评"比例以7∶3为宜。

2. 重点聚焦

无论哪个研究领域,通常已经存在大量的文献综述类文章,而且很多文章内容重复性较大。造成重复性较大的主要原因是所选择的综述主题较大、范围较广。要想写出具有较多新意的文献综述,从选择综述主题的角度看,应该缩小范围;从篇幅安排的角度看,应该突出重点,避免面面俱到。例如,在体育健身服务质量和体育消费满意度研究领域,不宜选择"体育健身服务质量研究综述""体育健身消费满意度研究综述"作为主题,建议选择"发达国家体育健身质量研究综述""基于不同消费模式的体育健身消费满意度研究综述"等涵盖面较小的选题,容易取得有价值的成果。同时在撰写综述时,只需介绍与主题直接相关的文献即可,不要介绍已经成为常识的知识。

3. 简明清晰

撰写综述时尽管免不了要使用原文,但若只是简单罗列文献,没有合理地、有逻辑地进行系统分类、归纳和提炼,也就不可能厘清已有研究结果之间的关系,认清问题研究的发展脉络、深入程度、存在的问题等,更无法依据文献综述清晰地推导出研究问题,这样的综述充其量也只是陈述了他人的观点,达不到通过分析、评说而发现和确立论文选题的目的。因此一定要避免大量引用原文,尽可能在消化吸收作者观点后再加以转述,再在这个观点的基础上提出一些自己的观点、意见或者是建议。在陈述别人的研究成果、思路和自己的观点的时候,语言要尽量简洁,避免长篇大论,要致力于陈述研究问题的论证、解决过程。

5.4 综述辅助工具

1. Connected Papers(https://www.connectedpapers.com/)

Connected Papers 是一款检索相似、关联论文的工具,它可以用知识图谱的方式将关联文献的脉络呈现出来。其特点包括:①输入所查阅的文献后,即可呈现一个可视化的相关文献网络图,使原本一排排罗列着的参考文献图像化;②可视化的相关文献网络图列举的都是与本研究领域最相关以及最重要的文献,帮助研究者快速筛选出所要了解的背景知识相关文献,防止迷失在文献的汪洋大海中;③可以帮助研究者寻找与后续研究进展相关的文献,为后续研究指路。

打开 Connected Papers 网站,在搜索框内输入需要分析的文献信息(DOI号/标题/arXiv 号/Semantic Scholar 号/PubMed 号/文章 URL 均可),这里以笔者 2015 年发表的一篇文章进行示范,在搜索框内输入文章 DOI 号"http://dx.doi.org/10.1155/2015/545643",点击"Build a graph"查询。几秒后界面跳转至生成的文献分析网络图(太新的文献可能会暂时无法生成),结果页面分三栏,左边一栏是要查询的文献以及相关参考文献的题目,右边一栏是相关参考文献的具体内容,而中间一栏的网络图则是该网站的最大亮点——文献检索分析图谱,如图5-8所示。

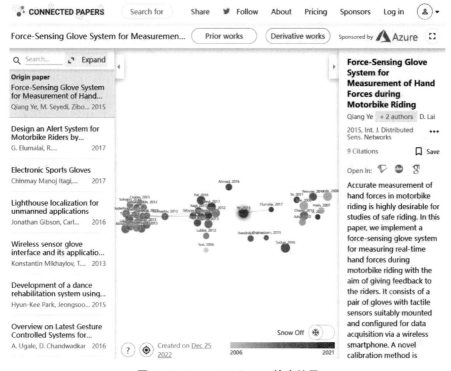

图5-8 Connected Papers检索结果

图中每个小球代表一篇文献,最中间黑色边框的小球就是查询的文章;根据右下方年份分布图标可以看到,小球的颜色越深代表文献越新;球的大小与被引用次数有关,小球越大表示被引用次数越多;小球之间的线条表示引用关系,相似的文章会距离较近或中间有强的连线;当光标移到小球上时,右侧边栏会出现该篇文献对应的文献信息。

Connected Papers直观的图谱分析界面非常友好,用户可以很简单地得到所有文献之间的关联程度,并为综述找到更精准的参考资料。

2. 引文分析软件(HistCite、CiteSpace、VOSviewer等)

文献计量分析是利用文献计量学原理对相关文献进行分析的一种文献分析方法。通过引文,研究文献的分布结构、数量关系、变化规律,其分析对象除了以篇、册、本为单元进行计量外,还包括对文献内部的相关信息进行计量分析,如标题、主题词、关键词、词频、共词、共引、共现、引文信息、同被引、引文耦合、著者、合作者、出版者、日期、语言、机构、国家等,可用于分析学科发展动态、学科研究概况以及学科发展趋势。

(1) HistCite

HistCite 是"History of Cite"的简称,意为"引文历史",由"SCI 之父"尤金·加菲尔德开发,目前已停止更新。利用 HistCite 可以快速绘出一个领域的发展脉络,快速定位某个领域的重要文献,查找领域的重要科学家和机构,总结某个领域的最新进展,找出无指定关键词的重要文献。美中不足的是,HistCite 的引文数据只能来源于 Web of Science 的文献记录,这意味着它无法对中文文献进行分析。虽然 2022 年 3 月起 Clarivate Analytics(科睿唯安)公司通告不再更新 HistCite,但由于它在引文网络的分析构建架构清晰,可以比较清楚地发现引文网络中关键文献及大概发展,依然具有独特魅力(图 5 - 9)。

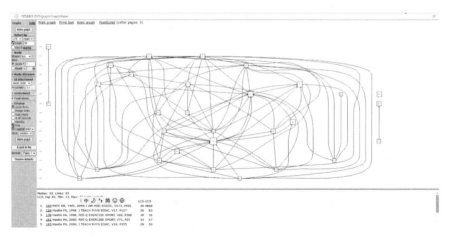

图 5 - 9 HistCite 溯源图形界面

(2) CiteSpace(https://citespace.podia.com/)

CiteSpace 是"Citation Space"的简称,可译为"引文空间",是美国雷德赛尔大学信息科学与技术学院的陈超美博士与大连理工大学的 WISE 实验室联合开发的科学文献分析工具(图 5 - 10)。CiteSpace 是一款着眼于分析科学中蕴含的潜在知识,并在科学计量学、数据和信息可视化背景下逐渐发展起来的一款引文可视化分析软件。CiteSpace 主要基于"共现聚类"思想,首先对科学文献中的信息单元(包括文献层面上的参考文献,主题层面上的关键词、主题词、学科、领域分类等,主体层面上的作者、机构、国家、期刊等)进行提取;然后根据信息单元间的联系类型和强度进行重构,形成不同意义的网络结构(如关键词共现、作者合作、文献共被引等),网络中的节点代表文献信息单元,连线代表节点间的联系(共现);最后通过对节点、连线及网络结构进行测度、统计分析(聚类、突现词检测等)和可视化,发现特定学科和领域知识结构的隐含模式和规律。利用 CiteSpace 可以快速把握研究热点、研究前沿和研究趋势。

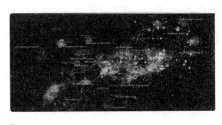

图 5-10　CiteSpace 官方网站首页截图

(3) VOSviewer(https://www.vosviewer.com/)

VOSviewer 是一款文献可视化工具(图 5-11),可以生成多种基于文献计量关系的图谱,如作者或期刊的共引关系图、关键词共现关系图。VOSviewer 还提供文本挖掘的功能,该功能可以用于构建和可视化科学文献提取出来的重要术语间的共生网络。与其他可视化软件相比,其主要特点为图形化展现的方式较为丰富,显示清晰。

3. 知网可视化工具(https://www.cnki.net/)

知网即中国知网,原名"中国期刊网",2003 年改名为中国知网,是中国最大的学术论文数据库和学术电子资源集成商,收录了 95% 以上正式出版的中文学术资源,其他数据库无一能出其右。它汇聚了数量庞大的学术期刊、专利、优秀

图 5-11　VOSviewer 官方网站首页截图

博硕士学位论文等资源,是目前中国文献数据最全面的网上数字资源库,其超过 2 亿篇的文献总量,对任何论文写作者来说,都是无法回避的信息检索和查重工具,被称为"中国知识基础设施工程"。目前知网自带可视化分析功能,但其只支持发文趋势、文献互引、关键词共现网络、作者合作网络以及作者分布等功能,并不支持更深入地对文本内容进行文本分析。

进入知网检索结果界面即可进行相关可视化操作。以一框式主题检索"体质健康"为例进行示范,在主页搜索框内输入"体质健康",点击搜索获得检索结果,如图 5-12。可视化操作有两个途径:一是通过点击"导出与分析"按钮;二是通过限定条件区点击可视化图标。

图 5-12　知网可视化操作

5 研究综述

对于第一种途径,在弹出菜单中选择"可视化分析",其下有"已选结果分析"和"全部检索结果分析"。其中"已选结果分析"可分析文献共引之间的关系等,但是对文献篇数有限制,最多 500 篇;"全部检索结果分析"可分析主题、文献来源等信息,但是无法分析文献共引之间的关系(图 5-13)。

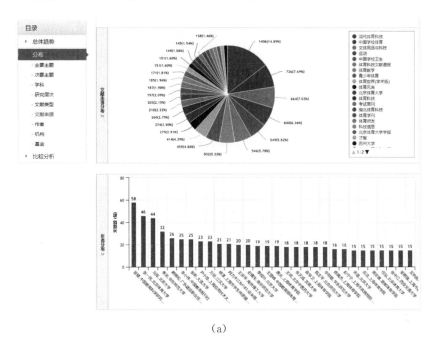

(a)

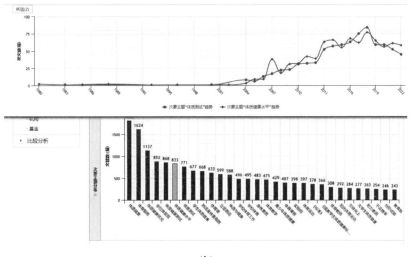

(b)

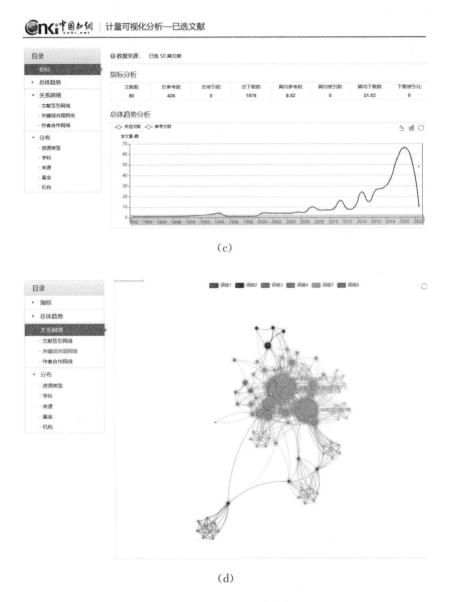

(c)

(d)

图 5-13 选择结果的可视化分析

对于第二种途径,在点击可视化图标后,可在弹出对话框中进行文献共现矩阵分析和年度交叉分析(图 5-14)。

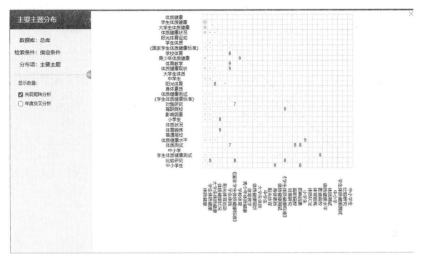

(a)

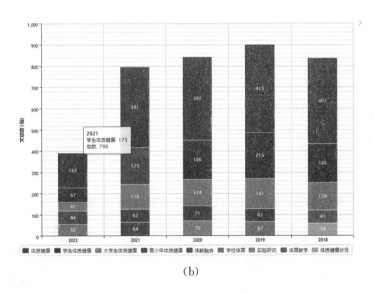

(b)

图 5-14　主题的可视化分析

运用知网文献分析可视化工具,在网页上就能够对选择的文献数据进行计量可视化分析,实现包括:总体趋势的分析,能够看到发文量随着时间的推移发生的变化;文献互引网络,能够看到文献之间互相引用形成的网络关系图,由此能够知道在这个主题环境下,选择的文献中的中心文献是哪些;关键词共现网络,能够看到关键词共现矩阵形成的网络图,由此能够知道中心关键词和与之相关的关键词,以及以相关关系词为中心的关联关键词。另外还有分布分析饼图,包括资源类型分布、学科分布、来源分布、基金分布、作者分布以及机构分布。有了这些计量分析数据,在进行研究的时候,就能够直接明了地发现这个主题的主要研究机构等。与以前的一些分析工具相比,现在知网自带的分析可视化工具更加简单易用,操作流程清晰明了,非常便于中文研究资料的文献调研。

案例操作 8:VOSviewer 与热点分析

E1 任务要求

1. 软件安装

从 VOSviewer 官网下载软件进行安装,只需点击"下载"按钮,参照提示信息安装即可,软件使用需要 java 的运行环境。

2. 热点分析

对 Web of Science 核心库收录的"关于自闭症患者运动干预研究"进行热点分析。

E2 操作步骤

1. 获取数据

(1) 打开 Web of Science,选择核心合集数据库(Web of Science Core Collection),设计检索式:(TS=(Autism*)) AND TS=("physical activ*" or exercis* or sport*),检索相关论文,如图 5-15。

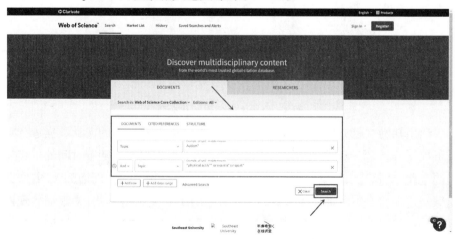

图 5-15 Web of Science 检索

（2）得到检索结果后，如果文献不是太多可全部导出，如果文献太多，可以按照被引频次降序排列，导出前 2 000 篇文献即可。如图 5－16，导出文献的步骤为点击页面上的"Export"按钮，而后点击下拉菜单中的"Plain text file"。

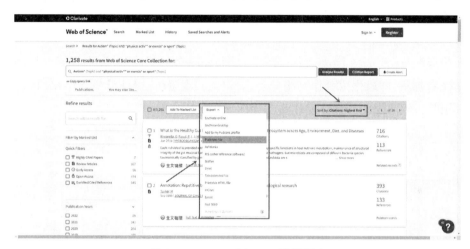

图 5－16　Web of Science 数据导出

（3）由于 Web of Science 在该模式中每次最多只可导出 500 篇文献，若文献数量少于 500 篇，可在弹出的菜单中，直接选择"Record from"，填写 1 到文献数量；若文献数量大于 500 篇，则第一次填写 1 到 500，之后根据数量依次填写 501 到 1 000、1 001 到 1 500 等。如图 5－17，在"Record Content"栏中选择"Full Record and Cited References"，点击"Export"按钮即可得到导出的 txt 文件。

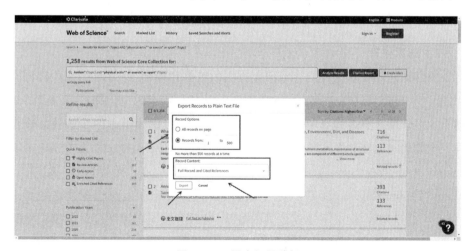

图 5－17　导出记录选择

2. 导入数据

VOSviewer 的主页面分为左中右三个区域,如图 5-18 所示,在左侧区域可进行可视化参数的设置,中心区展示可视化结果,右侧区域进行可视化结果的调整。单击左侧区域 Map 下的"Create"按钮,在"Choose type of data"页面中选择"Create a map based on bibliographic data",在"Choose data source"页面中选择"read data from bibliographic database files",随后导入 Web of Science 数据集,即可生成合作网络分析、关键词共现分析、引证分析、耦合分析、共被引分析等可视化图谱。操作步骤如图 5-19 所示。

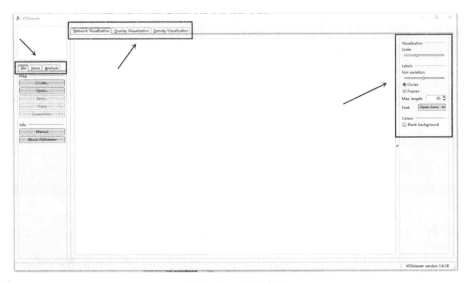

图 5-18 页面介绍

E3 结果处理

关键词是作者对论文内容或研究方法的精炼化概括,通过对高频关键词共现图谱的分析,可以得到该领域的研究热点及研究热点的演化路径,下面以"运动干预对自闭症患者的影响"为例,对研究热点及演化分析进一步阐述。数据导入步骤后进入"Choose type of analysis and counting method",在"Type of analysis"栏中选择"Co-occurrence",在"Unit of analysis"栏中选择"All keywords","Counting method"不变。共现次数阈值默认为 5,可根据文献数量适当修改,关键词数在 200~400 范围内最佳,随后可根据实际情况对表格中罗列的关键词进行修改,具体步骤如图 5-20 所示。

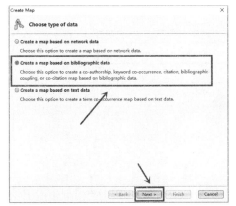
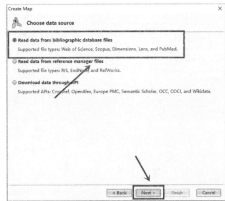
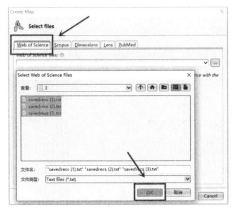
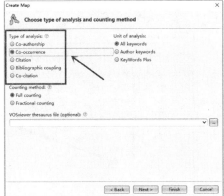

图 5-19　Web of Science 数据导入步骤

基于 1258 篇文献共有 6645 个关键词,选择最少出现次数为"7",共有 264 个关键词满足条件。设定共现关系强度规范化方式、分辨参数、聚类成员最少数目为(LinLog/modularity、1、4),使用 VOSviewer 的模块化聚类算法对这 264 个关键词进行共现分析,形成"运动干预自闭症患者领域关键词共现网络可视化知识图谱",如图 5-21 所示。

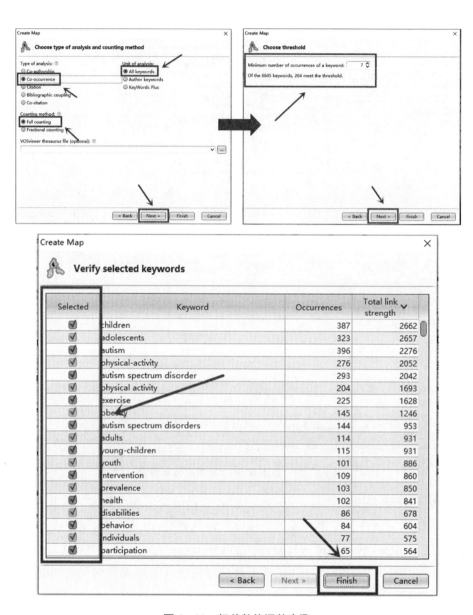

图 5-20 相关数值调整步骤

5 研究综述

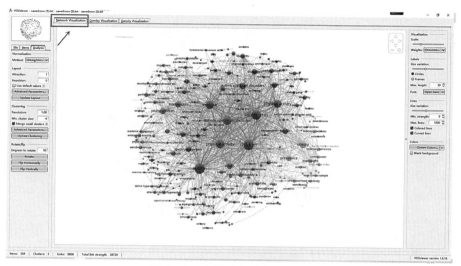

图 5-21　网络可视化知识图谱

"运动干预自闭症患者领域关键词共现叠加可视化知识图谱"如图 5-22 所示。

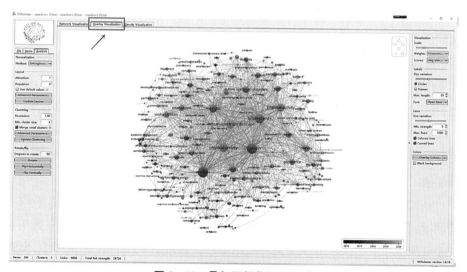

图 5-22　叠加可视化知识图谱

"运动干预自闭症患者领域关键词共现聚类密度可视化知识图谱"如图 5-23 所示。

165

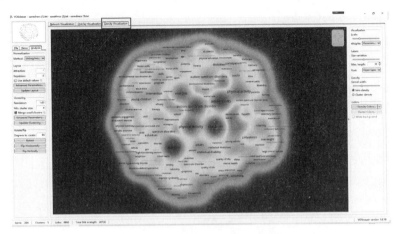

图 5-23 密度可视化知识图谱

E4 功能总结

VOSviewer 通过网络可视化、叠加可视化、密度可视化 3 种视图展现作者（机构、国别）合作网络分析、关键词共现分析、引文（期刊、作者、机构、国别）分析、文献（期刊、作者、机构、国别）耦合分析、文献（期刊、作者）共被引分析等内容。

在作者合作网络（期刊共被引、文献共被引、关键词共现）知识图谱的网络可视化视图中，每个圆圈代表一个作者（期刊、引文、关键词），圆圈和字号越大代表该对象发文数量（期刊被引次数、文献被引次数、关键词出现次数）越多；两个圆圈之间连线越粗则代表两者合著次数（期刊共被引次数、文献共被引次数、关键词共现次数）越多，距离越短则表示两者之间的关系和相似性越高，并用不同颜色区分不同的聚类。

叠加可视化视图与网络可视化视图唯一不同在于，其用颜色表示平均年份、平均引用次数等信息，而不是表示相同的聚类。密度可视化视图分为项目密度可视化和聚类密度可视化两种视图类型。在项目密度可视化视图中，图谱呈现蓝、绿、红 3 种颜色，每个项目（期刊、引文、关键词等）附近的项目越多，权重越高，则该项目所在区域越呈现红色，反之越呈现蓝色；在聚类密度可视化视图中，项目密度按照在各自聚类中的权重独立显示，用不同颜色区分不同的聚类，区域内的项目越多、权重越高，则该区域的颜色越亮。

VOSviewer 的主要功能则包括基于某一领域文献的年发文量，统计分析该领域的成长规律;基于某一领域文献的作者数据,统计分析该领域的核心作者和高产出研究机构,使用 VOSviewer 的作者合作网络分析功能绘制高产作者的合作网络知识图谱,识别该领域的主要科研团队和合作情况;基于某一领域文献的引文数据,采用 VOSviewer 的文献共被引分析功能,绘制该领域的文献共被引知识图谱,识别该领域的知识基础;基于某一领域文献的关键词数据,采用 VOSviewer 的关键词共现分析功能,绘制该领域的关键词共现知识图谱,挖掘该领域的研究热点和演化路径。

案例操作 9:HisCite 与溯源分析

E1 任务要求

1. 软件安装

由于 HistCite 的原开发者已经停止更新了,可在网盘下载 Histcite Pro 2.1 软件(https://pan.baidu.com/s/1hsIwJzQ),下载压缩包解压后就可以直接使用,不需要安装。

2. 溯源分析

对 Web of Science 核心库收录"关于运动干预对自闭症谱系障碍儿童青少年基本运动技能影响研究"进行溯源分析。

E2 操作步骤

1. 获取数据

(1) 打开 Web of Science,选择核心合集数据库(Web of Science Core Collection),运用 Advanced Search 检索相关论文,如图 5-24 所示。

(2) 得到检索结果后,如果文献不是太多可全部导出,如果文献太多,可以先按照被引频次降序排列,只导出前 2 000 篇即可。如图 5-25 所示,导出文献的步骤为点击页面上的"Export"按钮,而后点击下拉按钮中的"Plain text file"。

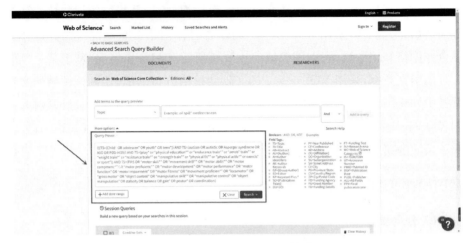

图 5-24　Web of Science 检索

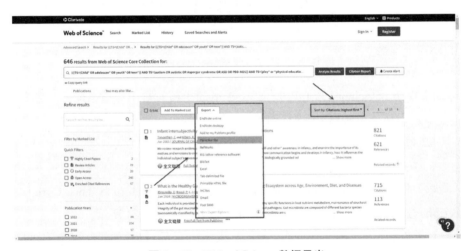

图 5-25　Web of Science 数据导出

（3）由于 Web of Science 在该模式中每次最多只可导出 500 篇文献，若文献数量少于 500 篇，可在弹出的菜单中，直接选择"Record from"，填写 1 到文献数量；若文献数量大于 500 篇，则第一次填写 1 到 500，之后根据数量依次填写 501 到 1 000、1 001 到 1 500 等。如图 5-26 所示，在"Record Content"栏中选择"Full Record and Cited References"，点击"Export"按钮即可得到导出的 txt 文件。

5 研究综述

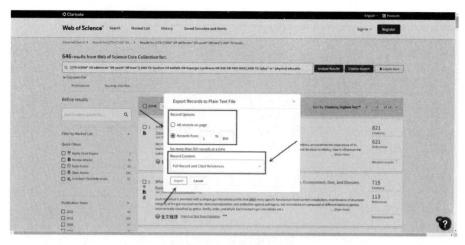

图 5-26 导出记录选择

2. 导入数据

（1）将从 Web of Science 数据库中导出的 txt 数据文件，不做任何修改，全部放至 HistCite Pro 文件夹中的 TXT 子文件夹中，如图 5-27 所示。

图 5-27 HistCite 文件夹页面

（2）双击"main.exe"并输入数字 1 即可一键完成数据导入，如图 5-28 所示。

3. 导出数据

（1）点击 HistCite 菜单栏中"Tools"下的"Mark&Tag"选项，调出标记选择工具栏，如图 5-29 所示。

（2）如图 5-30 所示，框内就是标记选择工具栏。左边"Set Criteria"栏用于指定选择范围，可以选择当前列表中的全部文献，也可以按照序号（#）、LCS、LCR 等数值的区间来选择文献，还可以手动勾选需要的文献；中间"Set

169

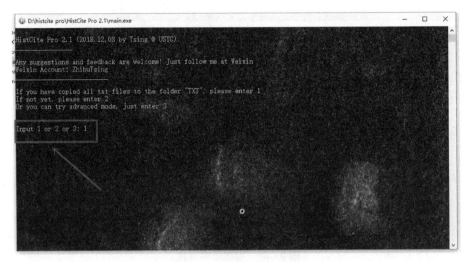

图 5‑28　数据导入 HistCite

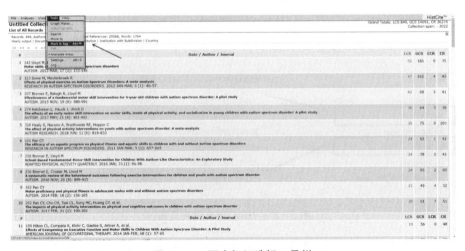

图 5‑29　调出标记选择工具栏

"Scope"栏表示的是需要导出的信息范围,可以只导出记录本身,也可以选择导出引用的文献或者被引的文献;右边"Take Action"栏的"Mark"按钮就是确认选择按钮,选择好需要导出的文献记录,点击"Mark"按钮。

(3) 依次点击"File"—"Export"—"Records..."来导出选中的文献记录,成功导出后会得到一个后缀为".hci"格式的文本文件,直接修改后缀为".txt"格式即可,如图 5‑31 所示。

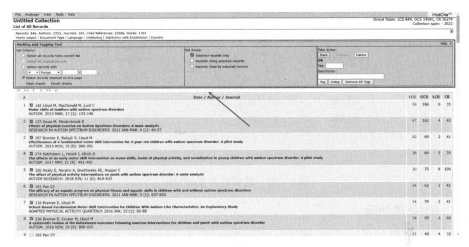

图 5-30　标记选择工具栏介绍

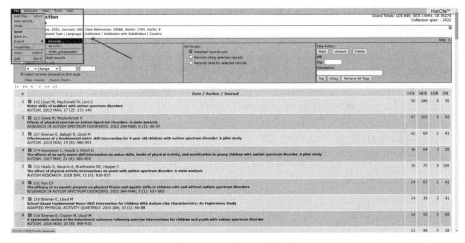

图 5-31　导出文献记录

（4）打开 EndNote，依次点击"File"—"Import"—"File…"按钮。在弹出的对话框中通过"Choose…"找到刚才的 txt 文件，"Import Option"选择"Multi-Filter（Special）"，"Duplicates"选择"Import All"，然后点击"Import"按钮即可导入，如图 5-32 所示。

图 5-32 数据导入 EndNote

E3 结果处理

(1) 数据加载完毕后,如图 5-33 所示,点击 HistCite 菜单栏中"Tools"下的"Graph Maker"按钮,即可自动进行数据的统计分析。

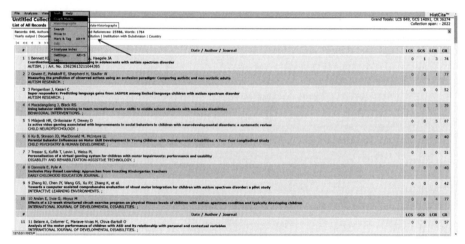

图 5-33 数据统计

GCS(Global Citation Score)是指某一文献在 Web of Science 数据库中的总被引用次数。一次引用这篇参考文献的文章可能和研究者的研究方向毫无关系,但 GCS 还是会把这个引用数据记录下来。

LCS(Local Citation Score)是指某一文献在本地数据集中的被引用次数。因为导入 HistCite 的文章都是与检索词相关联的,因此可以认为这些文章均为该研究领域的文章,那么如果某一篇文献的 LCS 值很高,就意味着它是研究者研究领域内的重要文献,很有可能是该领域内的开创性文章。注意,LCS 高的文献和 GCS 高的文献不一定是同一篇。

CR(Cited References)是指某一文献引用 Web of Science 数据库中参考文献的数目。该值越高,说明这篇文献很可能是综述性文献,因此根据该值的排序也可快速定位综述文献。

LCR(Local Cited References)是指某一文献引用本地数据集中参考文献的数目。根据 LCR 值的排序,可以快速定位近期关注该领域的重要文献,因为某一篇文献引用当前数据集中的文献数越多,说明该文献非常关注这个研究方向的文献,与检索式的研究方向肯定有相似或者可参考之处,可以从该文章中发现新动向。

(2) 在弹出的页面上点击"Make Graph"即可得到一张引文关系图,其包含最有价值的前 30 篇文章的完整引文关系。在实际操作中,该数字可根据需求自行修改。如图 5-34 所示,图上有 30 个圆圈,每个圆圈表示一篇文献,圆圈中间的数字是这篇文献在数据库中的序号,圆圈越大,表示被引用次数越多,不同圆圈之间有箭头相连,箭头表示文献之间的引用关系。多数情况下,我们会看到最上面有一个圆圈较大,并有很多箭头指向这篇文章,那么这篇文章很可能就是这个领域的开山之作。

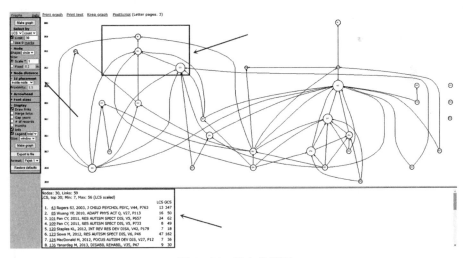

图 5-34　引文关系图

E4　功能总结

HistCite 是一款非常强大的引文分析工具,可以快速绘制出某个领域的发展脉络,快速锁定某个研究方向的重要文献和学术专家,还可以找到某些具有开创性成果的无指定关键词的论文。如果说一次引用表示给某一文章投一票,那么并不是所有票都有效,只有相同领域文章的引用才能真正体现该文章在该研究领域中的实力,所以在 Web of Science 上按照被引次数倒序排列,越靠前不一定就越重要;而通过 HistCite 可以直观地看出这个研究领域引用某一文章的全部论文,可以体现某一文章的重要性。

案例操作 10:Review Manager 与系统评价

E1 任务要求

1. 环境部署

进入下载网址 https://training.cochrane.org/online-learning/core-software/revman,根据计算机配置不同,选择不同版本的 Review Manager 软件进行下载安装。

2. Meta 分析

掌握 Meta 分析与系统评价的异同,学会运用 Review Manager 软件进行连续性变量的 Meta 分析。

E2 操作步骤

1. 新建文件

(1) 启动 RevMan 5.4.1 软件后,从菜单栏中依次选择"File"—"New",可新建一个项目,出现"New Review Wizard"对话框,如图 5-35 所示。

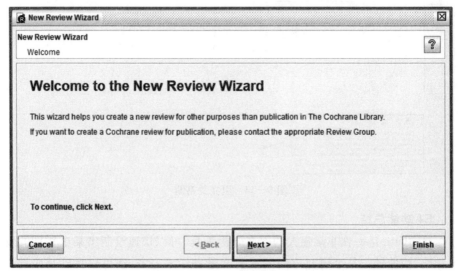

图 5-35　RevMan 新建系统评价界面

（2）接下来，点击"Next"按钮，出现"Type of Review"选项，选择"Intervention review"（干预性试验系统评价），如图 5-36 所示，再点击"Next"进入"Title"页面。

（3）本文以文献《运动干预对自闭症谱系障碍儿童的影响》作为实例，使用 RevMan 软件对该文献资料进行 Meta 分析。在"Title"中输入研究的名称，本例输入"运动干预 for 自闭症谱系障碍"，如图 5-37 所示，再点击"Next"进入"Stage"页面。

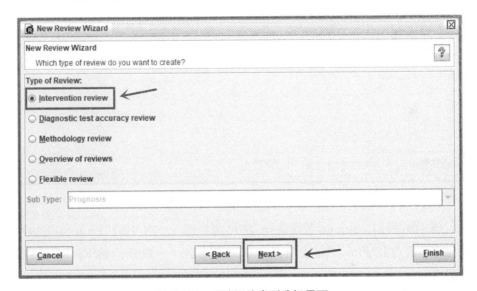

图 5-36　系统评价类型选择界面

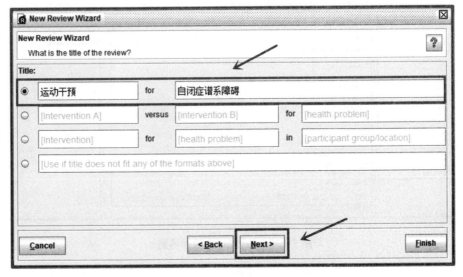

图 5-37　系统评价题目格式及输入界面

(4) 随后在"Stage"页面中选择"Full review"选项,如图 5-38 所示。

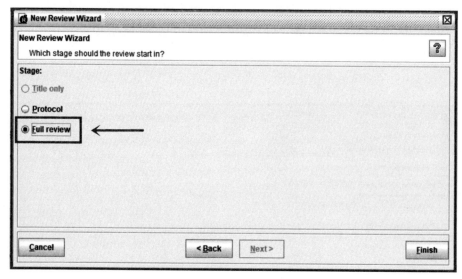

图 5-38　系统评价状态选择界面

(5) 如进行 Cochrane 系统评价,亦可选择图 5-38 中的"Protocol"选项。设置完毕后点击"Finish"完成项目建立,出现如图 5-39 所示的 RevMan 主操作界面。

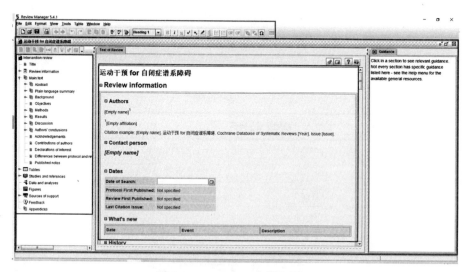

图 5-39　RevMan 主操作界面

2. 添加纳入文献的基本信息

依次展开树形目录分支"Studies and references"—"References to studies",右键点击"Included studies",在弹出的菜单中选择"Add Study"按钮,如图 5-40 所示。

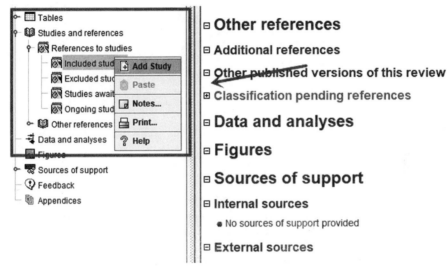

图 5-40 进入研究纳入界面

点击"Add Study"按钮后,出现如图 5-41 所示的"New Study Wizard"对话框,我们可在此输入纳入分析的每一个研究的名称和发表年代,点击"Finish",即可完成一条文献的添加。当然,在此页面也可点击"Next"继续设置研究数据来源等信息,但是否设置这些信息对后续步骤无任何影响,所以直接点击"Finish"即可。将所有纳入的文献按此方法进行添加,添加完毕后可以在导航栏的"Included studies"一栏下找到这些文献。

3. 纳入文献质量评价

如图 5-42 所示,依次展开树形目录分支"Tables"—"Characteristics of studies"—"Characteristics of included studies",找到纳入文献的列表,点击要进行评价的文献,在右侧展示栏内输入对于每个条目偏倚风险的判断及依据。值得注意的是,如果判断是"Unclear risk",那么必须在后面的文本框中输入判断依据,否则这条判断在质量评价图中是不会显示的。

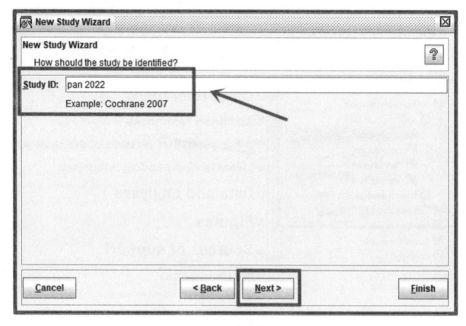

图 5-41　纳入研究作者及年代界面

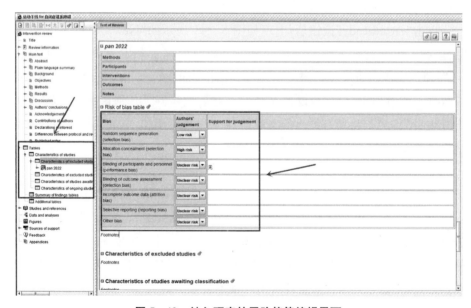

图 5-42　纳入研究的风险偏倚编辑界面

将所有质量评价的判断结果录入后,即可制作质量评价图。右键点击"Figures",在弹出的菜单中点击"Add Figure",如图5-43所示。

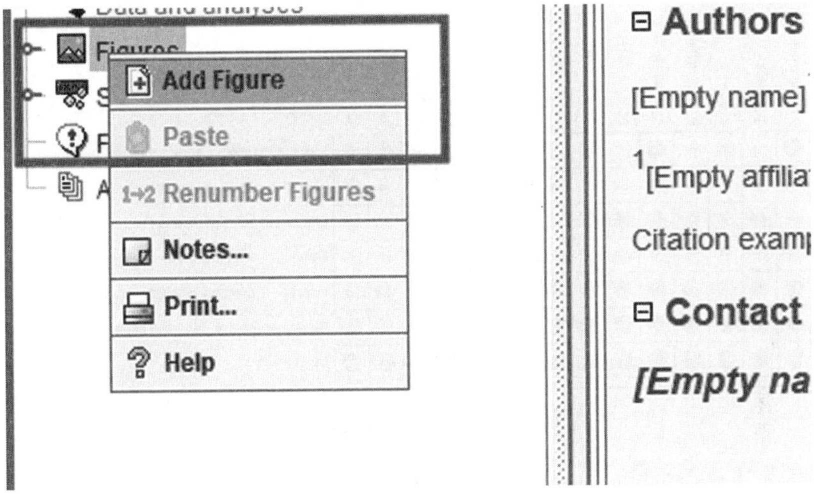

图5-43 激活输出图形功能

在弹出的页面中选择"Risk of bias graph"或"Risk of bias summary"选项,即可制作对应的质量评价图,如图5-44所示。

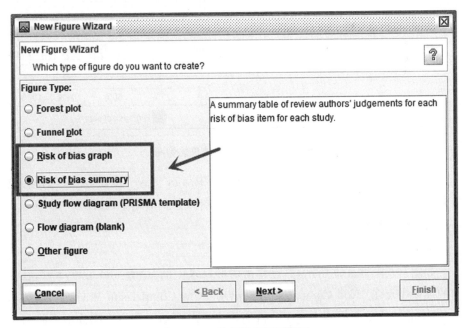

图5-44 选择输出图形界面

点击"Risk of bias graph",生成偏倚风险结果总结图,如图5-45所示。

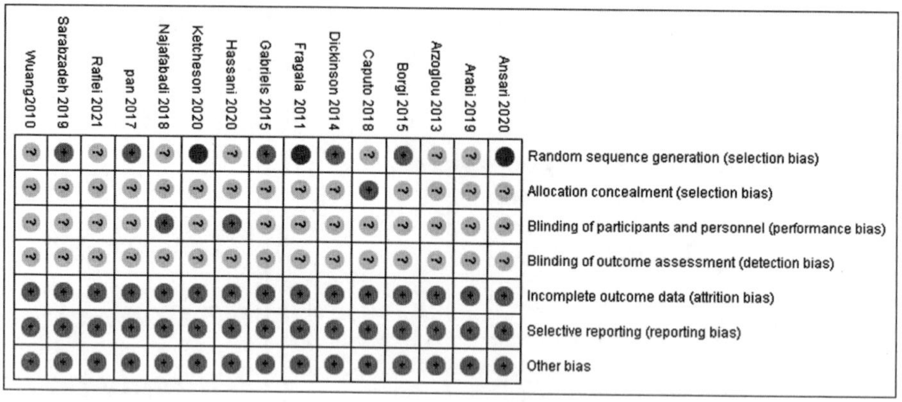

图5-45 偏倚风险结果总结图

点击"Risk of bias summary",生成偏倚风险结果比例图,如图5-46所示。

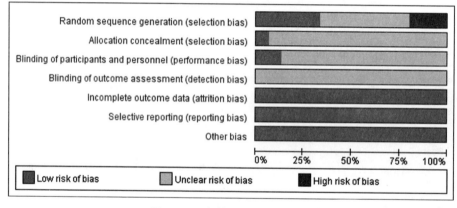

图5-46 偏倚风险结果比例图

双击显示的质量评价图,在弹出的界面中点击"Save"按钮,然后选择存储位置和图片格式,即可将制作好的质量评价图保存到电脑中,如图5-47所示。

E3 结果处理

1. 建立Meta分析的名称

如图5-48、5-49所示,右键单击树形目录中的"Data and analyses",在弹出的菜单中点击"Add Comparison"后出现"New Comparison Wizard"对话框,在其"Name"信息框中输入此次分析的名称,以"运动干预对自闭症谱系障碍患者的影响"为例,在弹出的对话框里输入名称。

5 研究综述

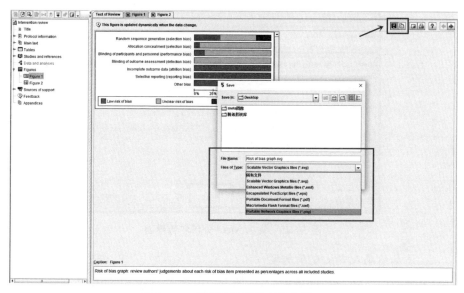

图 5-47　质量评价图片保存与储存

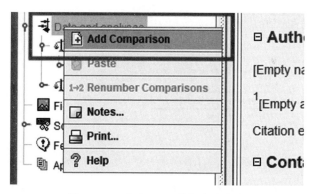

图 5-48　建立 Meta 分析名称方法

再点击"Next",可进行下一步操作,也可直接点击"Finish"退出。

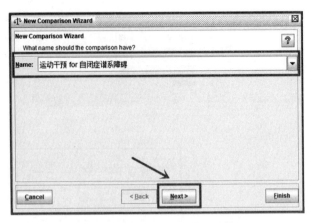

图 5-49　输入 Meta 分析名称界面

2. 添加结局及定义变量类型

（1）建立 Meta 分析的名称后，如图 5-50 所示，点击"Continue"按钮，选择"Add Outcome"选项。

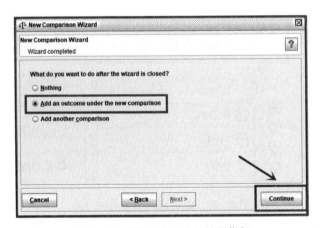

图 5-50　添加 Meta 分析结局指标

如图 5-51 所示，系统弹出"New Outcome Wizard"对话框，在此对话框中需要使用者选择分析的数据类型（二分类资料、连续型资料、期望方差法、一般倒方差法及其他），下面选择"Continuous"以讲解连续型变量的 Meta 分析方法。

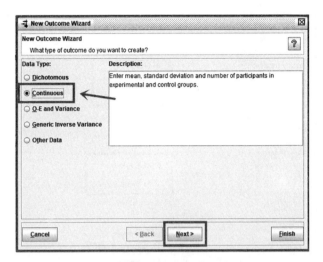

图 5-51　选择结局指标的变量类型界面

点击"Next",在弹出的对话框中输入结局指标名称,如输入"粗大运动技能",如图 5-52 所示。

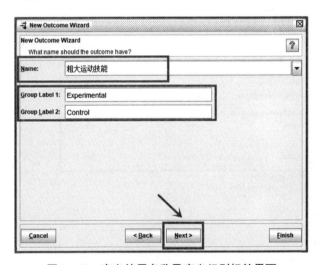

图 5-52　定义结局名称及定义组别标签界面

(2) 完成结局指标的命名后,点击"Next"按钮,在弹出的对话框中进行统计方法、效应模型和效应测度指标的设置,一般采用默认设置即可,如图 5-53 所示。

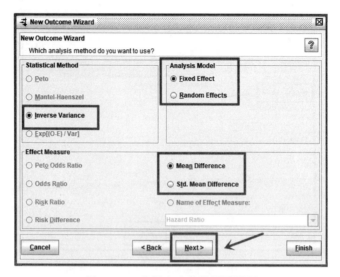

图 5-53 分析方法参数设置界面

继续点击"Next"按钮,在弹出的对话框中进行置信区间等的设置,一般采用默认设置即可,如图 5-54 所示。

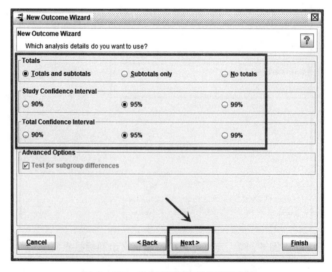

图 5-54 分析细节参数设置界面

继续点击"Next"按钮,在弹出的对话框中输入对照组和实验组的名称,如图 5-55。本次操作中未作更改。

5 研究综述

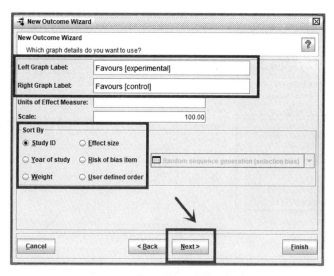

图 5-55　森林图显示参数的设置

3. 数据统计

完成添加结局及定义变量类型后,点击"Next"按钮,添加纳入的文献,选择第 4 项"Add study data for the new outcome",点击"Continue",如图 5-56 所示。

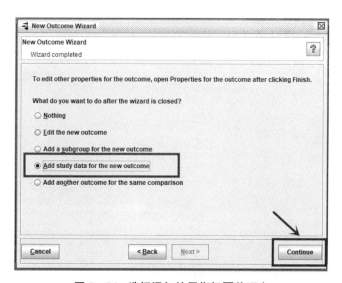

图 5-56　选择添加结局指标覆盖研究

如图 5-57 所示,在弹出的对话框中选择要添加的文献,选好后点击"Finish",即可添加要分析的文献。

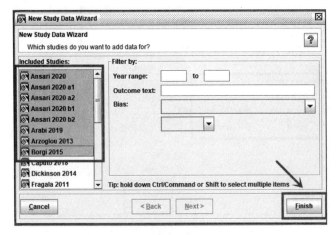

图 5-57　添加结局指标覆盖研究的界面

添加文献后会进入编辑页面,如图 5-58 所示。在该页面可以进行数据

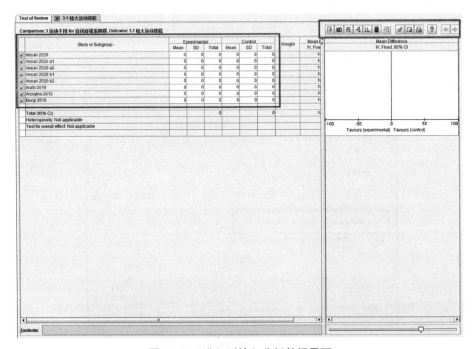

图 5-58　进入到输入分析数据界面

录入、分析,生成森林图和漏斗图,修改设置等一系列操作。该页面详细显示了 Meta 分析的以下内容:①每个研究的效应量和关键数据;②固定效应模型或随机效应模型的选择;③每个研究效应量的权重;④计算的合并效应量;⑤异质性检验结果;⑥合并效应量的可信区间;⑦合并效应的检验。

输入结局数据,系统可自动分析并生成相应结果及图表,如图 5-59 所示。

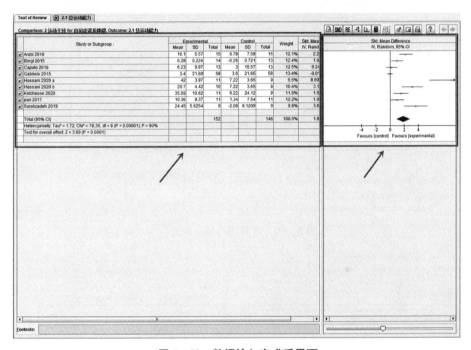

图 5-59 数据输入完成后界面

点击"森林图"按钮,可制作森林图,再点击"Save"按钮,可保存森林图,如图 5-60 所示。

点击"漏斗图"按钮,可制作漏斗图,再点击"Save"按钮,可保存漏斗图,如图 5-61 所示。

E4 功能总结

卫生服务的质量与人类的健康息息相关,卫生保健决策应该基于当前可得的最佳证据,特别是在循证医学(Evidence-based Medicine,EBM)得到广泛推广及认可的今天,系统评价(Systematic review)/ Meta 分析(meta-analysis)作为一种研究证据合成的方法,被公认为当前最高级别的证据。

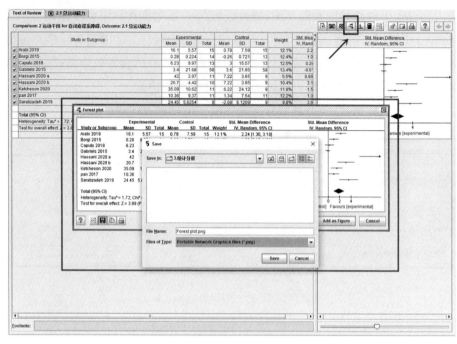

图 5-60 森林图的输出与保存

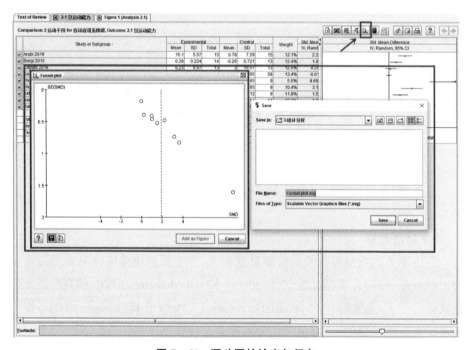

图 5-61 漏斗图的输出与保存

由 Miquel Porta 主编的 2008 年出版 *A Dictionary of Epidemiology*(第 5 版)对 Meta 分析的定义为:"Meta 分析是一种对单独的研究结果进行统计分析的方法,对研究结果间差异的来源进行检验,并对具有足够相似性的结果进行定量合成。"由此定义不难看出,Meta 分析是将多个具有相同研究主题的研究进行定量综合分析的一个过程,应包括提出问题、检索相关研究文献、制定纳入和排除标准、描述基本信息、定量统计分析等。

A Dictionary of Epidemiology(第 5 版)对系统评价的定义为:"系统评价是针对某一具体问题的所有相关研究,运用限制偏倚的策略进行严格评价和综合。Meta 分析可能是,但不一定是这个过程的必需部分。"可见,系统评价是针对某一具体临床问题,系统、全面地收集全世界所有已发表或未发表的临床研究,采用临床流行病学的原则和方法对研究进行严格的评价,筛选出符合纳入标准的研究,进行定性或定量(Meta 分析)合成,从而得出可靠的结论。

Cochrane Handbook for Systematic Reviews of Interventions 将系统评价的制作分为 10 个步骤:①提出要评价的问题;②制定研究的纳入及排除标准;③制定检索策略并进行检索研究;④筛选研究和收集资料;⑤评估纳入研究的偏倚风险;⑥分析数据并在适合的情况下进行 Meta 分析;⑦解决报告偏倚;⑧陈述结果和制作结果摘要表格;⑨解释结果与得出结论;⑩完善和更新。

Review Manager 软件(简称 RevMan)由国际 Cochrane 协作网开发,是制作、保存和更新 Cochrane 系统评价的专业软件,主要用来制作和保存 Cochrane 系统评价的计划书或全文,对录入的数据进行 Meta 分析,并且将 Meta 分析的结果以森林图等比较直观的形式进行展示,以及对系统评价进行更新。RevMan 软件可以完成计算合并效应量、合并效应量检验、合并可信区间、异质性检验、亚组分析及输出森林图、漏斗图等。其功能强大、操作简便、结果直观可靠,是目前 Meta 分析专用软件中较成熟的软件之一。

小结

撰写研究综述是一项步骤烦琐、内容复杂、任务艰巨的工作,对于体育工作者而言大多比较棘手,毕竟综述质量高低决定了专业工作起点的高低和效果的好坏,但是如果坚持进行规范化的综述调研和撰写,形成良好的习惯和行为,那么就会发现撰写研究综述并不是非常困难的事情,尤其是掌握了相关工具和软件的使用之后，更是事半功倍。本章通过对研究综述的内涵、特征、作用、过程、撰写等相关知识的阐释，介绍了研究综述的目标选题、资料整理、论证推理、撰写要求等实施细节和要求，明确综述工作的规范性与科学性，给出了相关建议，并借助案例讲解，帮助了解文献调研、热点分析、溯源分析、Meta 分析常用软件的使用和一般过程，为进一步的专业学习打下基础。

练习

思考题

1. 请阐述研究综述的内涵特征和作用价值。
2. 请列举文献的阅读方法和一般的阅读流程。
3. 请简述综述的框架规范和行文结构，试陈述相关要点。

实操题

1. 请用 VOSviewer 软件分析近十年国际田径领域研究的热点。
2. 请用 HistCite Pro 软件分析国际体育场馆信息化研究的发展历程，并分析关键节点文献信息。
3. 请用 Review Manager 软件进行血流限制对下肢力量训练效果影响的 Meta 分析。

参考文献

[1] 汪楠,成鹰.信息检索技术[M].北京:清华大学出版社,2014.

[2] 徐本力.体育控制论[M].成都:四川教育出版社,1988.

[3] 叶强.体育信息技术应用实务[M].南京:南京大学出版社,2018.

[4] 劳伦斯·马奇,布伦达·麦克伊沃.怎样做文献综述——六步走向成功[M].上海:上海教育出版社,2011.

[5] 全国信息与文献标准化技术委员会.信息与文献 文件管理 第1部分:通则:GB/T 26162.1—2010[S].北京:中国标准出版社,2011.

[6] 郭德泽.写好论文[M].北京:清华大学出版社,2020.

[7] De Brun C, Pearce-Smith N. Searching Skills Toolkit:Finding the Evidence[M]. Oxford,United Kingdom:Wiley-Blackwell,2009.

[8] Adamson S R, Kispert M K O, Francis J. Information Navigator[M]. Ogden:Weber State University Stewart Library,2020.

[9] Bossmen.人类的认知结构网络——建立学科知识体系的正确途径[EB/OL].(2021-05-17)[2022-05-20]https://www.madewill.com/thinking-model/building-a-knowledge-system.html.

[10] 钟志贤.面向终身学习:信息素养的内涵、演进与标准[J].中国远程教育(综合版),2013(8):21-29.

[11] 孙晓宁,储节旺.国内个人知识管理研究述评与展望[J].情报科学,2015,33(2):146-153.

附录一 知识管理路线图

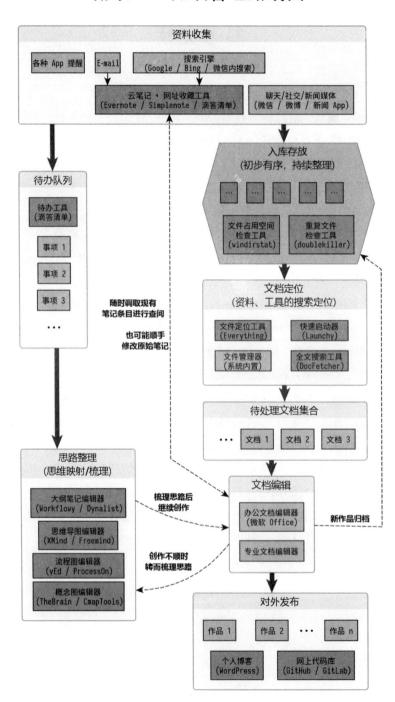

附录二 体育相关资源库

1. PubMed(https://pubmed.ncbi.nlm.nih.gov/)

PubMed 是一个免费的 MEDLINE 数据库,提供生物医学和健康科学领域的文献搜索服务,涵盖从 20 世纪 50 年代至今的关键生命科学数据库。MEDLINE 是当今世界上最权威的文摘类医学文献数据库之一,1996 年起向公众开放。而 PubMed 是互联网上使用最广泛的免费 MEDLINE 检索工具,是美国国家医学图书馆(National Library of Medicine,简称 NLM)所属的国家生物技术信息中心(National Center of Biotechnology Information,简称 NCBI)于 2000 年 4 月开发的一个基于 WEB 的生物医学信息检索系统,也是 NCBI Entrez 数据库查询系统中的一个。PubMed 数据库包含超过 3200 万篇生物医学文献和摘要,不提供期刊文章的全文,但是通常会附有指向全文的链接。PubMed 系统的特征工具栏提供辅助检索功能,侧栏提供其他检索如期刊数据库检索、主题词数据库检索和特征文献检索。它还提供原文获取服务,免费提供题录和文摘,可与提供原文的网址链接,提供检索词自动转换匹配,操作简便、快捷。

2. APA PsycINFO(https://www.apa.org/pubs/databases/psycinfo)

PsycINFO 数据库(心理学文摘数据库,简称 PI)由美国心理学学会(American Psychological Association,简称 APA)出版,是收录完整且回溯久远(最早可回溯至 17 世纪)的行为科学及心理健康文摘库,目前已有 400 万笔记录。PI 收录的期刊、书籍和论文摘要等资源 90% 以上均为同行评审。由心理学专家执笔的精确索引和专业文摘,每周更新。

3. PEDro(https://pedro.org.au/)

PEDro 是一个物理治疗证据数据库,也是一个免费的数据库,其中包含超过 56 000 项物理治疗的随机试验、系统综述和临床实践指南。对于每项试验、综述或指南,PEDro 都会尽可能提供引文细节、摘要和全文链接。

4. PhysioBank(https://archive.physionet.org/physiobank/)

PhysioBank 是一个庞大且不断增长的生理信号数据库,其中包含表征良好的生理信号和相关数据的数字记录,供生物医学研究使用。PhysioBank 目前包括来自健康受试者和患有各种具有重大公共卫生影响的疾病的患者的多参数心肺、神经和其他生物医学信号的数据库,包括心源性猝死、充血性心力衰竭、癫痫、步态障碍、睡眠呼吸暂停和衰老。PhysioBank 现在包含超过 75 个可以免费下载的数据库。

5. PE Central(https://www.pecentral.org/)

该平台于 1996 年 7 月 4 日建立,主要提供有关健康教育和体育教学的最新信息。

6. Sport and Development(https://www.sportanddev.org/en/)

该平台是一个在线体育和发展资源的沟通工具。它通过分享有关体育和发展的新闻、报告和信息来培养国际意识。

7. SIRC(https://sirc.ca/)

体育信息资源中心(Sport Information Resource Center,简称 SIRC)是一个非营利性业余体育组织,其任务是提供信息,满足参与或负责加拿大和世界各地体育和健身发展的组织和个人的教育需求。

8. 世界卫生组织(https://www.who.int/zh/home)

提供国际卫生信息和数据,包括组织成员国关于死亡率、疾病、性健康、药物滥用以及环境卫生和个人卫生等主题的健康相关统计数据。

9. Sports Reference(https://www.sports-reference.com/)

专业的体育数据查询网站。

10. Sports Science News(https://www.sciencedaily.com/news/matter_energy/sports_science/)

体育科学新闻集合平台。

附录三 文献综述核查表

题名_____

请将已完成的准备提交的文献综述,对照此表逐一核查。达到要求者打"√",未达要求者打"×"。对未达要求者逐条修改,直至全部达标。

	要求	检查结果
	1. 标题	
1.1	论文题目表达准确、简洁、清晰,20字左右	
1.2	一级标题与二级标题用语不宜重复,标题用语可以概括该标题下的内容	
1.3	标题末不放句号	
	2. 摘要	
2.1	简明扼要,100~300字	
2.2	涵盖研究背景、目的、方法、结果、结论	
	3. 关键词	
3.1	选取的关键词与论文相关	
3.2	数量适中,4~6个	
3.3	避免宽泛的词或"分析""影响""研究"等普通词组	
	4. 引言	
4.1	介绍文献综述主题的重要性	
4.2	描述文献综述所评论文献的范围	
4.3	阐述文献综述的目的	
	5. 正文	
5.1	指出关键术语或概念的来源(有权威的解释)	
5.2	分析研究现状(含热点和难点)	
5.3	指出研究面临的问题	
5.4	提及文献中提出的解决办法	
5.5	指出今后的发展趋势	

续表

	要求	检查结果
5.6	有作者客观的评论	
6. 结论		
6.1	结论是否为读者提供了总结	
6.2	结论是否引用了引言中指明的论点	
7. 参考文献		
7.1	参考文献能否为全文提供支撑	
7.2	所收集的文献是否全面	
7.3	所引用的文献是否是最新的研究(时效性)	
7.4	提供的文献来源是否有代表性	
7.5	是否有意遗漏了某些重要文献	
7.6	参考文献的引用是否符合规范[参见《信息与文献 参考文献著录规则》(GB/T 7714—2015)]	
8. 语言、语法		
8.1	句子是否完整、通顺	
8.2	避免口头用语	
8.3	用第三人称叙述,不用"我""我们"等字眼	
9. 格式		
9.1	文章框架结构清楚,不重复,不赘余	
9.2	全文逻辑是否清晰	
9.3	正文内容层级编码是否正确	
9.4	图表是否按要求加了标题、编号,并辅以文字说明	
9.5	是否按照模板排版(标题、字号、行距等)	
9.6	逗号和其他标点符号使用是否正确	
9.7	将文章打印出来,从头到尾阅读文章三遍,完成三遍以上修改	